ALLGÄU MIT LEIDENSCHAFT | Silvia Lanig

ZU GAST IM HOTEL LANIG | 100 Rezepte

Lifestyle, Alpine Lebensart, Ambiente,
Landschaft, Brauchtum,
Kultur und Tradition

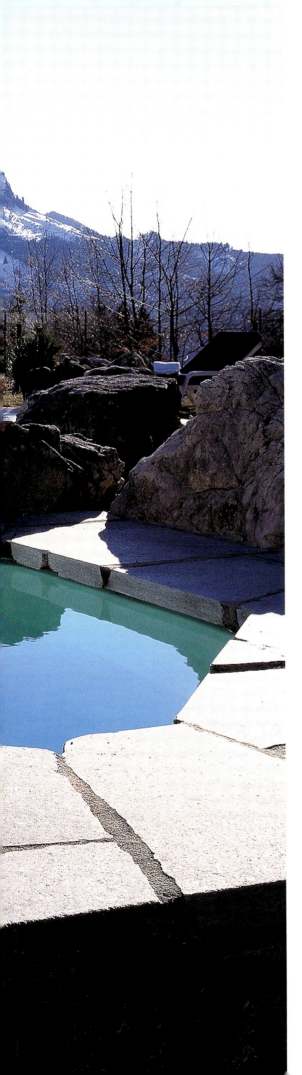

Inhalt

6   Einleitung
HANS PETER LANIG • 7
SILVIA LANIG • 8

18   Frühling
KU(H)LTUR-LANDSCHAFT ALLGÄU • 22
MORGENS – REZEPTE • 24
ALPINE LEBENSART • 38
ALLGÄUER BERGKÄSE • 44

48   Sommer
HEIMISCHES HANDWERK • 50
MITTAGS – REZEPTE • 54
NATUR ERLEBEN • 80
HOCH HINAUS • 88
NACHMITTAGS – REZEPTE • 90
ALPENLÄNDISCH GENIESSEN • 100
WASSER – KRAFTQUELLE DER NATUR • 102

108   Herbst
FARBENPRÄCHTIG: DER HERBST • 110
ABENDS – REZEPTE • 112
TISCHKULTUR • 158

164   Winter
WINTERSPORT UND SPURENSUCHE • 166
DESSERTS – REZEPTE • 168
LIFESTYLE UND CHALETROMANTIK • 188
SYLVAIN ETIEVANT • 194
FESTE UND BRAUCHTUM • 200
WINTERZAUBER UND LICHTERGLANZ • 202

208   LANIG-Chronik
216   Rezepte
226   Verzeichnis der Rezepte
227   Rezepte von A–Z
229   Sylvain Etievants Menu
232   Impressum

Vorwort von Hanspeter Lanig

Das Allgäu Ferienland, gesunde, klare Luft, grüne, weite, sanfte Hügel, beschauliche Berge, drunter blauer Himmel. Alles nicht weit weg, im sonnenreichen Süden Bayerns. Bayern auch Garant für herzhaftes Essen, Weißwürst, Brezen, Radi und Bier.

Das Allgäu, heimelig mit Käse, Milch und frischer Butter von den Alpweiden in nächster Nähe.

Im Allgäu bin ich geboren, im Allgäu bin ich zu Hause. Das Allgäu ist meine Heimat und soll auch für Sie ein Stück Heimat in Ihren Ferien sein.

Aus den Alphütten mit Milch, Butter und Käse sind im Laufe der Zeit für die Urlaubsgäste gemütliche Berghotels entstanden, mit Küche und Keller auf höchstem Niveau. Das Allgäu ist Wanderland in lieblicher Berglandschaft, unendlich und in glitzerndem Weiß im Winter.

Eine Einkehr am Weg sowie ein Glas abends vor dem Kaminfeuer machen neugierig, was heute auf den Tisch kommt.

Die Vielfalt ist groß und findet aus ganz Europa heute den Weg ins Allgäu.

In diesem Buch finden Sie nicht alles, aber das Feinste liebevoll zusammengestellt. Wenn Sie es nicht selbst probieren wollen, kommen Sie am besten zu uns nach Oberjoch, da wird es Ihnen täglich aufgetischt.

Ihr
Hanspeter Lanig

Rückblick
von Silvia Lanig

Silvia Lanig, jahrzehntelang die Seele des Hauses, erinnert sich

Mehr als 40 Jahre sind vergangen, seit ich das erste Mal nach Oberjoch gekommen bin. Anlässlich der berühmten internationalen Osterskirennen besuchte ich Hanspeter Lanig. Zum Mittagessen lud mich seine Mutter, Hede Lanig, ins Café Lanig zum Mittagessen ein. Ich erinnere mich noch gut, es war ein herrlich sonniger Wintertag. Die Skirennen waren beendet. Der Sieger kam aus der Schweiz und hieß Bruggmann, ich kannte ihn sehr gut. Ich hätte gerne auf einer schönen Terrasse mitten im Dorf zu Mittag gegessen. Statt dessen musste ich den Weg mit den Skiern auf dem Buckel hinauf zum LANIG gehen und dort am runden Familientisch mit der ganzen Familie Mittag essen. Es gab: „Saure Lüngerl" an einer dicken braunen Sauce. Ich hatte sowas in meinem ganzen Leben vorher noch nicht gegessen. Und ich werde es auch nicht mehr essen. Mein Mann Hanspeter liebt „Lüngerl" und isst dieses typisch deutsche Gericht noch heute sehr gerne, allerdings nicht mehr im LANIG, sondern in der „Oberen Mühle".

1966 übernahm Hanspeter Lanig das Café von seinen Eltern. Roland Gahlert arbeitete damals schon als Konditor im Café Lanig. Seine Kuchen waren damals genauso berühmt wie heute. Ich bin jedes Wochenende von meinem damaligen Wohnort Zürich als Redakteurin und Journalistin nach Oberjoch gefahren. Auf der alten Sonnenterrasse haben wir Kaffee, Kuchen und Eisbecher verkauft. Anni, die Bedienung, zeigte mir, wie man Tabletts als „Doppeldecker" für 2 Personen mit Kaffee herrichtete. Ein Pass (Essensaufzug) hatte die Küche mit der Terrasse verbunden und so erfolgte auch die Zulieferung von Kuchen und Eis, die unten von Roland selbst gemacht wurden. Die vier Fremdenzimmer wurden vermietet und für uns war das Büro auch Schlafzimmer. Erst nach unserer Heirat und mit der Terrassen-Erweiterung hatten wir uns den Luxus geleistet, ein eigenes Kinderzimmer zu haben und aus dem Frühstückszimmer wurde unser Wohnzimmer mit eigener Terrasse.

Verwöhnt von der guten Schweizer Küche beschloss ich bald, Impulse zu geben und Einfluss auf die Küche zu nehmen. Ich hätte gerne im Service gearbeitet, doch mein Mann fand, dass die Frau in die Küche gehört und so übernahm er das Bedienen und ich ging in die Küche, an den Herd und ans Büfett. Aber richtig gut für viele Gäste kochen, musste ich erst lernen. Meine Leidenschaft war und ist heute noch Kochen und Kochbücher. Ich besitze eine ganze Bibliothek davon.

Und dann natürlich das Essen! – Und wenn sich alles ums Essen dreht, dann kann nur eine gute Küche herauskommen. Und wenn man dann noch den besten Koch hat, der zusammen mit einem so eine Wunschküche zu zelebrieren bereit ist, dann konnte nichts mehr schief gehen.

Hanspeter war für die großen Bauten zuständig, übrigens heute noch, und ich für die Einrichtung und die Dekoration. Allerdings kaufte HPL die ersten Geranien für das Café Lanig selbst – es waren künstliche Geranien. Und das ganze Dorf Oberjoch hatte wieder mal Gesprächsstoff und lachte über uns.

HPL ist die Abkürzung für Hanspeter Lanig. So nennen und nannten ihn seine guten Freunde und Bekannte schon damals und auch heute noch.

Da wir beide vom Erfolg des Schweizer „Mövenpick"-Unternehmens und dessen Philosophie von Essen und Trinken begeistert waren, Uli Prager, der Besitzer damals von „MÖVENPICK", wollte Peter nach Lausanne engagieren um dort ein neues „MÖVENPICK" aufzumachen, holten wir dort viele Anregungen für unser Hotel Lanig, das wir im Dezember 1968 eröffneten. Für die Küche kauften wir auf Messen nur die besten Geräte, „Mövenpick" hatte es uns ja vorgemacht, die beste Kaffeemaschine von „WMF", die laufend frischen Kaffee brühte. So hatten wir, im Gegensatz zu den anderen Hotels, einen ausgezeichneten frischen Kaffee für unsere Gäste und nicht in Mehrliterbehältern einen alten Kaffee, der im Voraus gemacht wurde. Und dazu eine große Kuchenauswahl auf dem Silbertablett, von dem die Gäste aussuchen konnten.

Wir hatten im Laufe der Jahre großartige kalte Büfetts, an Silvester die klassische Eisbombe, ein Block Eis innen beleuchtet und darauf die Eiskreationen. Wir veranstalteten Skirennen im Saal auf Schmierseife, jede Woche Filmabende mit den Filmen von Hanspeter Lanig wie „Weite Weiße Welt", „Ski 66", „Ein Jahr in den Bergen", „… und wieder geht ein Jahr in den Bergen zu Ende". HPL ging jeden Morgen ins Dorf um die neuen Plakate aufzuhängen und die Alten runterzunehmen. Wir freuten uns über jeden Bus, der uns Kaffeegäste brachte, meistens unangemeldet. Dann musste die ganze Familie mithelfen, auch Peter und Penny. Dies ging ungefähr so zu: Blick zum Fenster raus, oh, da fährt ein Bus vor. HPL ruft: „Kaffeemaschine hochdrehen und Doppeldecker herrichten, noch einen Apfelstrudel schieben, Autogrammkarten nicht vergessen!" Und wir ärgerten uns über die vielen Busse, die unten in den „Löwen" gingen, wo doch unsere Kuchen und unser Kaffee viel besser waren. Aber eben unsere Lage war abseits der Ferien-Hauptstraße. Heute sind wir um unsere Lage froh und glücklich, sie könnte nicht besser für ein Spitzenhotel sein.

Ich arbeitete immer noch freiberuflich als Redakteurin in Zürich und besuchte Modemessen in Paris und London, fotografierte mit den besten Modefotografen und Mannequins, heute heißen sie Models. Und Hanspeter machte weiterhin Filme, die er in ganz Deutschland an Veranstaltungen zeigte, und so filmte er bei einer Modereportage auch Myria, die spätere Frau von Gunther Sachs, die in einem seiner Filme zu sehen ist. Genau so, wie meine Fotomodelle.

Wir hatten nur in der Winter- und in der Sommersaison geöffnet. Im Spätherbst waren alle Restaurants in Oberjoch geschlossen. Wir öffneten an schönen Novemberwochenenden mit einer minimalsten personellen Besetzung: die ganze Familie Lanig, Roland und Gabi. Die Wanderer strömten mittags und nachmittags auf unsere Terrasse. „Was haben Sie für Kuchen?"

„Apfelstrudel und Zwetschgendatschi." „Haben Sie auch anderen Kuchen?"

„Ich hätte gerne eine Tasse Kaffee." „Wir haben nur Kännchen." „Dann bringen Sie bitte ein Kännchen mit zwei Tassen." „Das geht leider nicht, nur eine Tasse zu einem Kännchen.". Dieses Spiel wiederholte sich den ganzen Nachmittag. Zum Mittagessen gab's Leberkäs mit Spiegelei, Schnitzel paniert, Jägerschnitzel, Zigeunerschnitzel mit Pommes frites und Spätzle. Und ein Auszug aus unserer Nachmittagskarte: Eis mit oder ohne Sahne, Eisbecher HPL und Schwarzwälderbecher, Schinken-, Wurst- oder Käsebrot, Allgäuer Bauernbrotzeit.

An guten Sonntagen war um fünf Uhr nachmittags alles ausverkauft.

Und Gabi erinnert sich: An die obligatorische Silvestertombola: „Silvester findet jedes Jahr am 31.12. statt, aber die Preise für die Tombola wurden immer erst gegen 17 Uhr am 31.12. ausgesucht. Hektik über Hektik." Apropos Gabi: Neben Roland gehörte auch sie zum „Lanig-Inventar". Sie hat uns viele Jahrzehnte begleitet. Sie begann ihre Lanig-Karriere als Kindermädchen von Peter und Penny, lernte nach dem Abitur das Hotelfach in USA, Deutschland und der Schweiz und war jahrelang unsere engste Mitarbeiterin.

Und Gästeerlebnisse, die unvergessen bleiben. So hatten wir als Stammgast und Freund einen Vorstandsvorsitzenden einer der größten internationalen Computerkonzerne. Er musste eine Nacht mit unserer Sauna als Schlafstätte vorlieb nehmen. Sein tollstes Erlebnis im LANIG. Eine bekannte Verlegerfamilie aus Schwaben verbrachte jedes Jahr mit der Familie ihre Ferien bei uns. Zu den sportlichen Highlights gehörte auch schon damals die Iseler Besteigung. Von einem Stammgast und Freund bekamen wir unseren ersten Boxerhund „Asslan", unseren Bubi. Seine Lieblingsplätze waren die Polster in der Halle und im Restaurant. Und alle Gäste liebten ihn.

Bekannt waren unsere Radsportwochen, die wir im Juni veranstalteten, um das Hotel schon vor den Ferienterminen zu belegen. Unter den Prominenten, die unsere Radsport-Gäste bei den Touren begleiteten, waren auch Didi Thurau und Jürgen Colombo. Wir begleiteten die Fahrer mit unserem VW-Bus, Koch und komplettem Catering. Wir hatten Verpflegungsstellen mit Müesli, Obst und Tee, Mittagessen-Rast mit Pasta, Getränken und Dessert, in Österreich, der Schweiz und Italien, je nachdem, wohin die Tour ging. Die Grenzen waren noch nicht offen und es gab auch noch keine Handys. Bei Problemen wurde zu Hause im Hotel angerufen, so z.B. wenn sich einer verfahren hatten, gestürzt war oder sich sonst was ergeben hatte. Wir suchten immer die schönsten Rastplätze aus, bauten Tische und Bänke auf, richteten das Mittagsbüfett her und warteten auf die Radler. Es waren herrliche Radtouren, in Leistungsgruppen aufgeteilt, die schwächste begleitete auch ab und zu Gabi. Ein Erlebnis die Tour von Oberstdorf mit geschulterten Rädern hinüber ins Lechtal, zum Hahntennjoch, im Nebel und bei Saukälte. Als Belohnung gab es für alle Fahrer auf 2 000 m Höhe ein Glas Champagner. Ich erinnere mich an die Tour de Suisse, den Giro d'Italia, wo unsere Radsportteilnehmer wie die Profis die Berge erklommen. Freitags war die klassische Königsschlössertour. Und an den Abschlussrennen am Jochpass, zur Hirschalp (24 %) oder Ochsenalp wurden den Teilnehmern von mir selbstgemachte Lorbeerkränze überreicht.

Um eine andere Gästeclientel zu bekommen, eröffnete ich vor 30 Jahren zusammen mit der Grande Dame der Naturkosmetik in Deutschland Gertraud Gruber unsere erste Schönheitsfarm. Dazu musste ich bei ihr in Rottach Egern Konzept, Behandlungen, Ernährung etc. erlernen. Unser Roland wurde von ihrer Ernährungsberaterin in die 1 200-Kalorien-Diätküche eingeweiht, um das Gertraud Gruber Wohlfühl-konzept korrekt anzuwenden. Angie war unsere erste Kosmetikerin, die mit viel Fachkenntnis und Können unsere Gäste mit Massagen, Bürstenmassagen, Molkebädern, Lymphdrainagen und Gesichtsbehandlungen verwöhnte. Zur Ganzkörperbehandlung kam ein Masseur vom Ort. Nach einigen Jahren war die Nachfrage nach Wellness nicht mehr sehr groß und wir schlossen unsere Farm.

In unserer Lanig-Skischule war jeden Freitag das große Skirennen mit nachmittags Kindersiegerehrung in unserem Restaurant mit allen Omas, Opas, Eltern, Tanten, Onkel und natürlich allen Kindern. Skilehrer mit weißem Rolli unter dem schwarzen Skischulpulli. Alle Kids nach vorne um die Urkunde zu holen und die ersten drei aufs Treppchen. – „Dahinten ist noch Platz", doch am Tisch für sechs saßen schon zehn Personen. Zu Beginn und am Schluss der Siegerehrung, die HPL mit Begeisterung sensationell machte, spielte er Vico Torrianis „Alles fahrt Ski" als musikalische Untermalung. Dann „ruckizucki" kassieren und alles abräumen. Denn gleich gab es Abendessen für die Hotelgäste. Tische schieben, lange Tafeln zusammenstellen für den Skischulabend für die Erwachsenen mit Siegerehrung und Tanz. Hotelgäste im Skikurs sitzen schon am Skigruppentisch. Skilehrer erstes Getränk frei, die anderen Getränke halber Preis, soweit die Getränke nicht von den Gästen bezahlt werden. Uff!

Siegerehrung: „Ach Frau Michel, Sie haben den schönsten Schwung." In den 70er und 80er Jahren gab es in der Skischule Stil- und Zeitnoten. Dann Discomusik mit HPL bis 24 Uhr. Nach unendlich vielen Obstler-Runden war es nicht immer leicht, allen Gästen die Sperrstunde zu verdeutlichen.

An den Sonntagen kamen die Skischulen von Augsburg, Ulm, Stuttgart und Nördlingen mit Voranmeldung zum Mittagessen. „Schuhe abklopfen, keinen Schnee mit reinbringen." Der nächste Skikurs durfte erst ins Restaurant, wenn wieder andere gegangen waren. So schleusten wir bis zu

300 Mittagessen mit einer kleinen Karte, Schweinebraten, Suppe, Schnitzel, Leberkäs, Omelette und Pommes für die Kinder durch. Ich an der Ansage und auch am Herd, HPL, Gabi und Mitarbeiter im Service.

Unvergessen auch unsere Modeschauen mit u. a. dem schönen Skilehrer Sepp als Mannequin und Daisy, sowie anderen Models, hoch professionell. Auch Skirennfahrerfreunde gingen als Mannequins über den Laufsteg.

Wir hatten auch prominente Gäste aus Presse, Politik und Sport. Ja sogar einen Baron. Ich erinnere mich noch, wie er mit der ganzen Familie und Kindermädchen, er hatte mehrere Kinder, öfters bei uns Urlaub machte. Den Christbaum, den er sich für Weihnachten auf das Zimmer wünschte, haben wir ihm auch reingestellt. Nur als es ums Bezahlen ging, sagte er: „Diesen Reisigbesen bezahle ich nicht!" – Auch der berühmte und schöne Konsul Weyer stieg mal bei uns ab. Er war sehr, sehr nett. Es besuchten uns viele Prominente wie Dr. Oetker, Dr. Theo Waigel, Luise Ullrich, Prinz Karim Aga Kahn, Sänger Heintje und viele mehr.

Wir nutzten unsere guten Beziehungen zur Presse und den Namen von Hanspeter für unser Hotel. So bekamen wir gratis eine gute Publicity und das Hotel Lanig wurde in ganz Deutschland bekannt. In Bunte kam ein großer Bericht über die Kurzskimethode mit Hanspeter Lanig, „Freundin" schrieb eine „Freundin-Skiwoche" aus, „Brigitte" eine „Brigitte-Skiwoche" und das „Ski-Magazin" veranstaltete Skiseminare und Dezember-Skiwochen. Mit dem Chefgrafiker von Annabelle machte ich meinen ersten großen farbigen Hotelprospekt. Auch sonst übernahm ich die ganze Werbung, heute Marketing genannt, für das Hotel. Übrigens heute noch.

Da unsere Kinder Peter und Penny als Leistungssport Ski (Freestyle und Alpin) fast professionell ausübten, war für uns ganz selbstverständlich, dass wir zu besonders günstigen Preisen die verschiedenen Nationalmannschaften zu Trainingskursen und Skirennen bei uns einlogierten. Dabei mussten wir auch die Menüs nach den Wünschen der Sportler richten. Morgens viel Müesli, Quark und Joghurt, mittags Teigwaren und Salate und abends nicht zu schwere aber gut verdauliche Menüs. Viele waren Vegetarier, vor allem bei den Amerikanern, und so mussten wir lernen, vegetarisch auch auf einem hohen Niveau zu kochen. Und Frühstück ab 6 Uhr, weil der erste Lauf des Rennens ja schon um 9 Uhr war. Also hieß es für HPL und mich: Früh aufstehen und Frühstück für alle herrichten.

Ein Highlight waren die Freestyle-Weltcups und WM, die von Hanspeter Lanig organisiert wurden. Ich erinnere mich noch an die Anfänge mit Fuzzy Garhammer, wo wir die Sprung-Schanze über dem Mattlihaus wegen Schneemangel mit Strohballen als Untergrund selbst bauten, alle Lanig-Mitarbeiter halfen mit, um die Veranstaltung zu retten. Oder wie Peter Lanig, der an mehreren Weltcups als Teilnehmer für Deutschland startete, später als Rennleiter mit sehr wenig Schnee den Buckelpistenwettbewerb über die Bühne brachte, trotz eines vorhergehenden Sitzstreiks der französischen Mannschaft.

Für die verschiedenen Weltcups ließ ich bei namhaften Designern und Sportfabrikanten zu günstigsten Preisen Blousons, Pullover, Jogging-Anzüge, T-Shirts anfertigen, und wir verkauften diese in unserem Sportshop. Stolz trugen auch wir diese Modelle. Unvergessen und beliebt auch die Lanig-Skimütze. Wir haben Stammgäste, die sie noch heute tragen. Weiß mit blauer Aufschrift: „Skischule Lanig".

Bei den Weltcups wollten immer alle Teilnehmer, Offizielle und Presseleute im LANIG wohnen. Doch wir hatten ja nicht so viele Zimmer. Also suchten wir aus. Wir nahmen die französische Mannschaft und die US-Mannschaft, mussten diese jedoch im Restaurant getrennt setzen, wegen Konkurrenzkampf. Viele heute noch bekannte TV-Moderatoren und -Moderatorinnen waren froh, wenn sie bei uns ein kleines Zimmerchen bekamen. Die TV-Teams und Offiziellen bekamen die schönsten Zimmer. Die Team-Mitglieder wohnten zu dritt und zu viert auf einem Zimmer. Hauptsächlich im LANIG, weil alles so toll war, vor allem das Essen. Und dann noch das Felsenhallenbad. Ich erinnere mich an Eric Laboureix und sein „Mme Lanig, du fromage blanc, s.v.p.". An Edgar Grospiron, Olympiasieger, der mit dem Heli angeflogen kam, den er selbst pilotierte. Und dass die Amerikaner mal bis nach 22 Uhr warten

mussten, bis sie das Essen bekamen, weil einer von ihnen seine Rechnung noch nicht bezahlt hatte. Da war HPL eisern und cool. Und als auch dieser seine Rechnung bezahlte, ließ HPL die Essen für die Amerikaner servieren. – Es war übrigens kein Geringerer als der Weltmeister im Ballett zur Musik „New York" – Lane Spina. Später einer unserer besten Freunde. Und was alles in die Aktiven reinging, Unmengen an Brot, Käse zum Beginnen, die Teller wurden an den verschiedenen Büfetts aufgeladen, soviel Platz hatte – und dann nochmals was drauf. Von wegen Gourmand! – Zu den Essen und auf Besuch kam dann auch die deutsche Mannschaft mit Mittermeier und Reitberger.

Unvergessen auch für uns die Zelt-Partys mit den Teilnehmern, die Siegerehrungen und die Frühstücke, die die Teilnehmer am letzten Tag selbst in der Küche zubereiten durften. HPL war Hauptorganisator bei den Wettkämpfen. Schade, als er als Veranstalter zurücktrat, fand sich kein Nachfolger und deshalb hat Oberjoch auch keine dieser Weltcups mehr. Es ging lively zu und her und auch die anderen Gäste hatten Freude an den jungen Sportlern. Unvergessen der Salto vor dem Büfett aus dem Stand von Mike Nemesvarry. Vor dem Hotel, mit Anlauf von der oberen Wiese, wurde eine Schanze gebaut und nach dem Abendessen vergnügten sich die Sportler mit Saltos, Twists und Helikopters vor dem Hotel. Ein Riesenspektakel für alle.

Hanspeters Berühmtheit als Skirennfahrer, heute eine Skilegende, hatte uns viele Türen geöffnet und war für den Erfolg des Hotels mit ausschlaggebend. Was allerdings die wenigsten wussten, dass er das Hotelfach von der Pike auf gelernt hatte. Im berühmten Hotel „Der Königshof" in München begann er als Page, absolvierte dort die Lehre zum Hotelkaufmann, war in Paris, Madrid, im Broadmoor in Amerika, und dazwischen ist er Skirennen gefahren und hat dabei 1960 die Silbermedaille im Abfahrtslauf in Squaw Valley geholt.

Auch meine Eltern hatten in der Schweiz eine Wirtschaft. Mit Leidenschaft machte ich im Restaurant einer Freundin jeweils das Getränkebüfett und im berühmten „Kindli" in Zürich, das Freunden gehörte, half ich sowohl im Service als auch in der Küche aus.

Die Standard-Menüs der „Brigitte-Skiwochen", „Freundin-Skiwochen" und Ski-Seminare waren: Am Sonntag bei Anreise Wurstsalat vom Büfett, Leberspätzlesuppe aus dem Suppenkessel im Kamin, als Hauptgang Zigeunerkotelette mit Pommes frites und Gemüse oder Jägerschnitzel mit Spätzle und Birne Hélène. Die Bohnen kamen aus Dreikilo-Dosen und das Kotelette und das Schnitzel waren vom Schwein. Am Freitag gab's traditionell Fisch, meistens Fischfilet paniert mit Sauce Remoulade und Salzkartoffeln. Einmal in der Woche ein Bayerisches Büfett und einmal ein großes kaltes Büfett.

Und jeden Abend war Remmidemmi. Zuerst jeweils mit Drei-Mann-Kapellen aus der Umgebung, dann, als diese einmal nicht erschienen und das Lokal voll belegt war, entschied sich HPL eine Diskothek beim Büfett einzubauen. Er selbst machte Abend für Abend den Discjockey. Mit großem Erfolg. Die Gäste von damals schwärmen heute noch davon. Punkt 24 Uhr war jeweils Schluss, er ging ins Bett und ich blieb auf, solange noch Gäste da waren. Besonders hart waren die Zeiten, als die englische Armee in Oberjoch ihre Zelte aufgebaut hatte. Die konnten Bier saufen!! Bis in die frühen Morgenstunden.

Mit der Erweiterung des Hotels im Jahre 1975 haben wir auch unsere Marketing-Strategie geändert. Wir haben uns wieder vermehrt auf Einzelgäste und Familien konzentriert. Wir begannen eine hervorragende A-la-minute-Küche mit schön angerichteten Menüs den Gästen zu servieren. Alles wurde vornehmer, eleganter, etwas mehr Klasse – blieb aber familiär und gemütlich.

Wir schickten Roland in der Zwischensaison nach München in den Königshof, der einen Michelin-Stern besaß, um die ausgezeichnete Wildküche zu erlernen. Wir besuchten mit ihm und seiner Frau die besten Restaurants der Sterneköche, aßen dort die Gourmet- und Surprise-Menüs und versuchten mit ihm zu analysieren, wie sie was gekocht hatten. Und da er ein so gutes Feeling dafür hatte, konnte er dann zu Hause dies genauso gut nachkochen. So holten wir unsere Inspirationen für die Menüs aus Frankreich, Italien und der Schweiz. Wir engagierten dazu auch sehr gute Köche. Aus Frankreich kam Claude, der die schönsten überbackenen Desserts kreierte, Martin kam aus der Schweiz und Peter

Hermann aus Deutschland. Alle hatten sich schon mehrere Hauben vorher erkocht. Und unsere Küche und unsere Menüs wurden besser und besser und dies sprach sich auch herum. Und wir waren plötzlich die Lanigs, bei denen man so gut essen konnte. – Im Gegensatz zu früher.

Und als Roland schwer erkrankte, haben wir ihn tagtäglich im Spital angerufen, wie er die Sauce zubereite, wie er den Apfelstrudel mache etc. etc. Deshalb hatte ich mich entschlossen, seine und unsere Rezepte aufzuschreiben und daraus ein Kochbuch zu machen. Damit auch die nachkommenden Köche wissen, wie was zu kochen sei. Und so ist mein erstes Kochbuch „ALLGÄUER KOCHKUNST" entstanden. Die Rezepte haben Peter und ich zusammen alle nachgekocht, damit die Mengenangaben auch korrekt waren.

Nach Abschluss der Hotelfachschule in Lausanne und nach verschiedenen Praktika in renommierten Hotels im In- und Ausland kam Peter zurück nach Oberjoch und übernahm mit mir zusammen die Leitung und Führung des Hotels. Er wollte dies schon von Kindesbeinen an. Die Gästezahlen waren zurückgegangen. Wir mussten uns ein neues Konzept überlegen. So entschieden wir uns, mit Tour Operatern zusammenzuarbeiten und das Hotel für das A-la-carte-Geschäft zu schließen, um unsere Hotelgäste noch besser betreuen zu können. Dies war schon seit Jahren mein Ziel und jetzt hatten wir es geschafft. Wir konnten nun unseren Hausgästen im Rahmen der Halbpension ein fünf- bis sechsgängiges Abendmenü servieren, hatten genug Zeit, uns persönlich um sie zu kümmern. Bald füllte sich unser Hotel Sommer und Winter so gut, dass wir uns entschlossen, nur noch kurz zu schließen, um Renovierungsarbeiten oder Hotelerweiterungen zu machen und sonst das ganze Jahr geöffnet zu halten. In dieser Zeit kam auch das Internet auf. Wir entschlossen uns sofort, diese Plattform für unsere Werbung zu nutzen. Wir belegten verschiedene Domains. Ich plante und realisierte den ersten Internet-Auftritt unseres Hotels. Dieser, übrigens einer der ersten im Allgäu, war sofort erfolgreich und brachte uns viele zusätzliche Gäste.

In nur fünf Wochen Bauzeit haben wir den 3. Stock abgerissen und die Stadl-Suiten gebaut. Das undichte Freibad musste einem neuen, mediterranen Pool mit Felsen und Wasserfall weichen. Und Hanspeter begann zusammen mit Peter mit der Planung einer großen Erweiterung mit Wellness, SPA und einem neuen Hoteltrakt. Dieser ist nun gebaut worden und erfreut sich großer Beliebtheit bei unseren Gästen. Mit Peter kam auch ein neuer, frischer und jugendlicher Wind ins Hotel. Mit Leidenschaft Gastgeber, leitet er heute als Besitzer das Hotel.

Und nun ist bereits die dritte Auflage unseres Kochbuches im Handel. Deshalb habe ich mich entschieden ein neues Buch herauszugeben. Mit dieser Jubiläums-Ausgabe möchte ich sowohl unsere jetzige Küche, Menüs und Rezepte weitergeben, die Lanig-Story von 1935 bis heute erzählen und auch mit Bildern zeigen, wie schön das Allgäu ist und wie das HOTEL LANIG RESORT SPA heute aussieht. Viele unserer Rezepte sind von meinem Sohn Peter und mir, unserer LANIG-Küchencrew und von meinen Lieblingsköchen.

Um gut zu kochen, braucht es viel Liebe und Leidenschaft. Liebe für die Menschen, die man bekocht. Liebe für die verwendeten Zutaten. Liebe zu sich selbst. Als ich begonnen hatte, für das leibliche Wohl unserer Gäste zu kochen, hatte ich nur wenig Ahnung von Arbeitsabläufen und professionellem Gourmetkochen. Nicht viel mehr als jede Hobbyköchin. Mein Interesse und Können für die gehobene Küche haben sich im Laufe der Jahre entwickelt. Mit Besuchen in Spitzenrestaurants, mit selbst am Herd stehen und mit Rezepten experimentieren. Learning by doing. Essen und kochen mit Leidenschaft. Mit einem Hauch von Provence, einem Hauch Toskana, etwas Schweiz und ganz viel Qualität aus dem Allgäu. ALLGÄU MIT LEIDENSCHAFT.

Herzlichst
Ihre Silvia Lanig

Ku(h)ltur-Landschaft Allgäu
Das Land der glücklichen Kühe

Unsere Bauern pflegen heute noch ihre Weideflächen. Allgäugrün sind die Wiesen und Weiden mit dem besten Gras für die Kühe. Rund hunderttausend Stück Vieh sorgen für die bekannten Allgäuer Milchprodukte. Und im Sommer verbringen tausende von Jungkühen aus dem Voralpenland den Sommer an die hundert Tage in unseren Bergen. Das Oberallgäu, der südlichste Landkreis Deutschlands, ist Grenzland zwischen Ebenen und Bergen, wie auch zwischen Deutschland und Österreich. Die Schweiz und der Bodensee grüßen in Sichtweite. Raues üppiges Land, vom Wetter gegerbt, ein kleines Paradies, romantisch, ländlich, mit idyllischen Bächen, Weihern und Seen, Burgen und Schlössern, Kapellen und prachtvollen Kirchen im barocken Stil. Fachwerkhäuser, Marktplätze und Bauernhäuser mit Landwirtschaft. Zwischen Lech und Bodensee erstreckt es sich, erst wellig und sanft-hügelig, dann immer malerischer und vielfältiger bis hin zum wuchtigen Massiv der Alpen als südlicher Abschluss mit ihren majestätischen Berggipfeln. Allgäu – Albigoi = Gau in den Alpen. Das Allgäuer Braunvieh führt seine Herkunft auf das so genannte „bos brachyceros", das Kurzhornrind, zurück, das ursprünglich aus dem Kaukasus und Vorderasien stammte und vermutlich in Europa mit dem wilden Ur gekreuzt wurde.

Oben:
Buttermodelform mit verschiedenen Motiven (links) und vom Küfer handgemachte Stotzen mit Frischquark

Unten:
Prachtvolle Kuhschellen beim Viehscheid, Milchkannen auf der Alpe

Linke Seite oben:
Typisches Allgäuer Braunvieh, Kühberg

Morgens

Früher: Das Frühstück bestand meist nur aus Brot, Butter und Marmelade. Zum Teil ergänzt mit einem „Rädle" Wurst, Streichwurst oder Käse. Es wurde ganz früh am Morgen eingenommen. Dazu gab es Milchkaffee. Erst später kam noch ein weichgekochtes Ei hinzu und als Getränke Tee oder Kakao. Wir im LANIG haben schon sehr bald das Frühstücksbüfett eingeführt, wo sich jeder nach Herzenslust bedienen konnte. Mit Müesli, Joghurt, Quark, dem jeweiligen Trend angepasster Körnerecke, verschiedenen Wurstsorten, Allgäuer Bergkäse, Eiern, Semmeln und Brot, Fruchtsalat und Orangensaft. Dazu Kaffee, Tee, Schokolade und Milch, soviel man wollte.

Heute: Heute ist ein großes kalt/warmes Frühstücksbüfett, wo sich jeder selbst bedienen darf, ein „Must" und Aushängeschild eines guten Hotels. Die wichtigste Mahlzeit zum guten Gelingen eines Tages. Mit Cerealien, Müesli, Joghurt, Quark, Obstsalaten, Wurst, Schinken, Käse, Konfitüren, Eier in allen Variationen, Waffeln, Fruchtsäften, Kaffee, riesiger Teeauswahl, Schokoladen, ergänzt mal mit Jägerschinken, Weißwurst, Lachs, Pasteten usw. – soviel das Herz begehrt. Ja, selbst der Champagner darf an Feiertagen nicht fehlen.

Konfitüren und Gelees
selbstgemacht, wie zu Großmutters Zeiten

Für 4 Personen

Zutaten

1 kg Früchte
800 g bis 1 kg Zucker, Gelierzucker oder Gelierhilfen

Unsere Rezepte für die nachfolgenden Konfitüren (Seite 216):

Himbeer-Erdbeergelee mit Äpfeln
Aprikosen-Vanille-Konfitüre
Zwetschgenkonfitüre mit Rohrzucker vom Blech
Kirschenkonfitüre à la Verveine (mit Eisenkraut)
Pfirsichkonfitüre

Zubereitung

Vorbereiten: Beeren verlesen, eventl. kurz mit Wasser überbrausen, Stachel- und Erdbeeren eventl. klein schneiden, Brombeeren mit einer Gabel zerdrücken. Den Zucker beigeben. Steinobst Aprikosen abreiben, klein schneiden oder kurz in kochendes Wasser tauchen und die Haut abziehen. Zwetschgen, Pflaumen usw. waschen, klein schneiden und mit dem Zucker vermischen. Rhabarber: Waschen, in kleine Stücke schneiden.

Einkochen der Konfitüren: In kleinen Portionen, nur 1–2 kg auf einmal. Die vorbereitete Fruchtmasse mit dem Gelierzucker in der Pfanne erhitzen und fortwährend lebhaft rühren, bis die Konfitüre in dicken Tropfen von der Kelle fällt oder dieser auf einem kalten Tellerchen nicht mehr verläuft. Kochzeit 10–40 Minuten. Bei Früchten mit besonders viel Saft (Erdbeeren, Pflaumen) empfiehlt es sich, die weich gewordenen Früchte in die Gläser zu füllen und den Saft allein etwas einzukochen oder einen Teil abzugießen und als Sirup zu verwenden. Am raschesten gelieren Johannis-, Stachel- und Brombeeren, da sie besonders viel Pektin enthalten.

Die Konfitüre in die Konfitürengläser noch kochend einfüllen.

Zuffa bringt den Korb mit einer großen Auswahl an Semmeln, Laugen- und Vollkornbrötchen.

Lanig-Tipp
Sie können die Konfitüren noch im Wasserbad sterilisieren. Je nach Geschmacksrichtung können den Früchten Gewürze, Zimt etc., beigegeben werden. Für Zwei- und Dreifruchtkonfitüren die Früchte zu gleichen oder verschiedenen Teilen mischen, je nachdem wird der eine oder andere Geschmack vorherrschen.

Spiegeleier und Omelettes nach Art des Hauses

Für 4 Personen

Zutaten

Für die Spiegeleier:
8 Eier vom Bauernhof
4 Kartoffeln
Wacholder
80 g Butter

1 EL Olivenöl
Salz und Peffer

Für die Omelettes:
2–4 frische Eier, je nach Größe
1 Prise Salz
Pro Ei: 2 EL Wasser oder Milch
20 g Butter

Zubereitung

Spiegeleier:
Die Butter in einer Omelettepfanne schmelzen. Die Eier, eines neben das andere, in die Pfanne geben, das Weiße leicht salzen und so lange auf kleinem Feuer braten, bis das Weiße geronnen, aber die Oberfläche des Gelben noch weich ist. Die Kartoffeln im Wasser separat weich kochen und mit der Schale in der Pfanne leicht anbraten.

Omelettes:
In einer Omelettepfanne die Hälfte der Butter schmelzen. Die Eier in einer Schüssel aufschlagen, die Zutaten beigeben und mit dem Schneebesen oder einer Gabel gut rühren. Die Eiermasse in die Pfanne gießen und etwas anbacken lassen, unter leichtem Bewegen der Pfanne und Hineinschieben des geronnenen Eies mit einem Schäufelchen die Masse aufgehen lassen. Wenn die Oberfläche noch feucht ist, die Omelette mit Hilfe des Schäufelchens zur Hälfte überschlagen oder aufrollen. Falls die Omelette gefüllt werden sollte, die Füllung vor dem Überschlagen darauf verteilen. Den Rest der Butter beigeben und die Omelette auf der unteren Seite noch leicht braun backen.
Für Omelettes mit Kräutern in die Eiermasse vor dem Backen 2–3 Esslöffel fein gehackte Petersilie und Schnittlauch beimischen.

Lanig-Tipp Sie können die Spiegeleier auch auf beiden Seiten anbraten und für die Omelettes Gemüse, Schinken, Champignons oder Käse nehmen. Dies können Sie auf zwei Arten tun: entweder zuerst die Zutaten in die Pfanne und dann die Eimasse darüber, oder die Zutaten als Füllung vor dem Überschlagen darauf verteilen.

Das echte Schweizer Birchermüesli

Für 4–6 Personen

Zutaten
- 100 g Haferflocken
- 50 g Zucker
- 40 g Sultaninen
- 1 dl Milch
- Honig
- 2 EL Zitronensaft (Saft von einer Zitrone, frisch)
- 600 g Äpfel, gewaschen
- 125 g Himbeeren, gewaschen
- 50 g Heidelbeeren, gewaschen
- 50 g Erdbeeren oder Johannisbeeren, gewaschen
- 1 dl Sahne

Zubereitung

Haferflocken, Sultaninen und Milch in eine große Schüssel geben, kurz verrühren und circa 2 Stunden zugedeckt stehen lassen. Die Sahne steif schlagen und kühl stellen.

Die Äpfel mit der Bircherraffel in die Haferflocken reiben, sie können auch mit der Röstiraffel gerieben werden. Zitronensaft dazugeben und das Ganze mischen. Die Beeren dazugeben und vorsichtig mischen. Mit Honig nach Belieben süßen. Die Sahne mit einem Kochlöffel locker unter das Müesli ziehen. Wer es süßer mag, kann nachzuckern.

Lanig-Tipp Sie können die geschlagene Sahne ganz oder teilweise auch durch Joghurt ersetzen. Die Beeren können auch tiefgekühlt sein. Nach Belieben können noch weitere Früchte oder Nussarten nach Ihrer Wahl dazugegeben werden. Das Müesli wurde von Dr. Bircher-Benner aus Zürich erfunden. Deshalb heißt es Birchermüesli. Das klassische Rezept ist : 6 EL Haferflocken, 12 EL Wasser, 6 EL gezuckerte Kondensmilch, Saft von 3–4 Zitronen, 6–12 Äpfel (je nach Größe), 6 EL geriebene Mandeln, Hasel- oder Baumnüsse. Die Haferflocken circa 12 Stunden mit dem Wasser einweichen. Kondensmilch und Zitronensaft dazurühren. Die gewaschenen Äpfel ohne Fliege und Stiel direkt in die Mischung reiben, zeitweilig umrühren, um ein Anlaufen zu vermeiden. Das fertige Müesli mit den geriebenen Nüssen bestreuen.

Gebackene Osterlämmchen und Zopfspezialitäten

Für 4 Personen **Zutaten**
80 g Butter
100 g Zucker
1 Päckchen Vanillezucker
2 Eier
150 g Mehl
1 TL Backpulver
Puderzucker
Lammförmchen

Schweizer Butterzopf

Nusszopf

Hefezopf, alle Rezepte Seite 217

Zubereitung
Die Butter mit Zucker, Vanillezucker und Eiern schaumig rühren und mit dem mit Backpulver vermischten Mehl zu einer Masse unterheben. Diese in eine vorbereitete und ausgebutterte Lämmchenbackform füllen. Im auf 180–200 °C vorgeheizten Backofen circa 40 Minuten backen. Nach der Hälfte der Backzeit mit Folie abdecken, damit die Oberfläche nicht zu dunkel wird. Rausnehmen und noch 5 Minuten in der Form auskühlen lassen. Aus der Form nehmen und mit Puderzucker bestreuen. Den Lämmchen ein Bändelchen mit einem Glöckchen anhängen.

Lanig-Tipp Wenn Sie keine Lämmchenformen haben, können Sie auch jede andere Kuchenform nach Belieben nehmen. Die Backzeit ändert sich mit der Größe der Form.

Waffeln mit Honig oder Beerenmus

Für 12 Waffeln **Zutaten**

150 g weiche, nicht flüssige Butter
1 Prise Salz
4 Eigelb
4 Eiweiß geschlagen als Eierschnee
250 g Weißmehl, gesiebt
3 dl Sahne oder Milch
100 g Zucker
1 Waffeleisen

Zubereitung

Die Butter in einer Schüssel schaumig rühren, Eigelb und Eierschnee abwechselnd mit dem gesiebten Mehl dazugeben, Sahne oder die leicht erwärmte Milch hinzufügen. Den Teig sorgfältig mischen und rühren, bis er glatt und gleichmäßig ist.

Das Waffeleisen erhitzen, innen stark mit Butter bepinseln. In die tiefer gefurchte Seite Teig einfüllen, das Eisen langsam schließen und die Waffeln auf beiden Seiten goldbraun backen. Vom Eisen lösen und mit Zucker oder Puderzucker bestreuen. Nach Wunsch mit Honig, Früchten, Nutella, Konfitüren servieren.

Lanig-Tipp Für diejenigen, die es gerne würzig haben: Mischen Sie in den Teig geriebenen Käse, circa 40 g Kümmel oder gehackten Schinken. Wenn Sie die Waffeln süß mögen, können Sie dem Teig etwas Zucker zufügen.

Brunch am Bergsee

Alpine

Modern, romantisch, perfekt was Form und Material betrifft. Mehr als ein Hotel – ein Feriendomizil, das aus dem Rahmen fällt. Gleichzeitig jedoch von edlem Understatement. Nichts drängt sich in den Vordergrund. Man fühlt sich darin auf Anhieb wohl. Ein Berghotel in den Allgäuer Alpen, das seinem Namen alle Ehre macht. Im Herzen des Allgäus, drei Schritte vom Alltag entfernt, in herrlicher Umgebung. Gemütlichkeit und Herzlichkeit in den Allgäuer Bergen. Wo sich jeder sofort wie zu Hause fühlt. Und die Familie Lanig gibt ihre persönliche unverwechselbare Note dazu.

Lebensart

Über zwei Etagen erstrecken sich die großzügig geschnittenen lichten Räume. Viele Möbelstücke habe die Lanigs selbst entworfen, das gelungene Interieur mit Holz, Stein, Stoffen und Farben selbst gewählt und perfekt aufeinander abgestimmt. Wie in einer einstigen Scheune können die Gäste mit Aussicht auf das grandiose Bergpanorama tafeln und schlemmen. Ein harmonisches Ganzes mit viel Alpencharme in den Allgäuer Bergen, in Oberjoch.

Das auf 1200 m Höhe liegende Dorf Oberjoch hat sich in den Jahren zu einem bekannten Urlaubsort im Allgäu entwickelt. Ausgangspunkt für ausgedehnte Wanderungen in der frischen, würzigen Bergluft im Sommer und mitten drin im alpinen und nordischen Skigebiet, international bekannt. Ideale Voraussetzungen sich vom Großstadtleben zu erholen.

Die neue Gemütlichkeit: Tische und Hocker aus nackten Baumstämmen, flankiert von einer mit echten Hirschfellen gepolsterten riesigen Eckbank. Am wuchtigen Pfeiler aus Viehweid-Felsen ein einladender Kuhfell-Sessel. Alle Böden aus schlichtem hochwertigem Andeer-Granit, stellenweise mit Flusssteinen versetzt.

Die Wände und der Himmel über dem Empfang aus Alpsteinen, von den Hausherren persönlich gesetzt. Ein überwältigender Blickfang die aus Altholz, alten Balken und alten Schindeln in einzigartiger Schreinerhandwerkskunst angefertigten Decken, Wände und Geländer. Dazu schlicht und dezent die Vorhänge aus reinem Leinen. Die extra angefertigten Holzstühle haben Sitzkissen aus Fellen vom echten Allgäuer Rind, typisch seine grau-braune Farbe. Auch sonst herrschen die Farben und Materialien der umgebenden Natur vor. Hüttenflair nur mit etwas mehr Komfort hat man in den gemütlich und urig rustikal eingerichteten Zimmern und Suiten. Altes Holz, Balken, Getäfer und bequeme Polstergruppen, bezogen mit alpenländischen Stoffen, Loden oder weichem Leder, derbe Tische und Stühle geben den Räumen eine Ursprünglichkeit jenseits gängiger Folklore. Der private Whirlpool der Suite ist wie ein Holzzuber verkleidet. Das Waschbecken wurde aus einem Granitfelsen rausgehauen. Schlichte Eleganz auf hohem Niveau.

Allgäuer Bergkäse von den Alpen

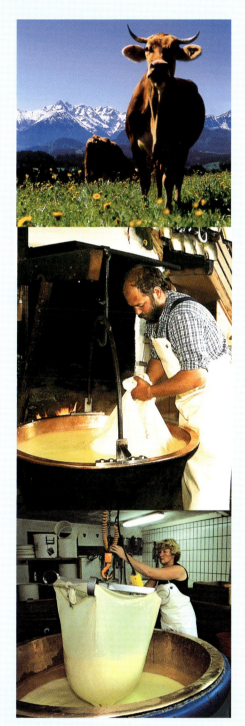

Die Herstellung von Hartkäse verläuft in allen Allgäuer Käsereien oder Sennereien nach dem traditionellen Prinzip.

Und für alle Käse gilt: Der Käse verrät die Milch! – Und die ist bei uns im Allgäu nun einmal einzigartig. Kühe, Schafe und Ziegen, glückliche Tiere fressen auf den Hochalpen die besten Gräser und die besten Kräuter. Von deren Milch werden täglich Bergkäse, Butter und andere Milchprodukte hergestellt. Hochwertige würzige Bergkäse und Allgäuer Emmentaler werden im Sommer auf den Sennalpen (Hochalpen über 1000 m) von den Sennen oder Sennerinnen zum Teil noch in den wunderschönen Kupferkesseln hergestellt. Probieren Sie ihn, den echten Bergkäse, mit dem für ihn typischen Geschmack und den Löchern, die während des Reifeprozesses von vier bis zwölf Monaten entstehen. In den Schaukäsereien erfahren Sie alles Wissenswerte über die Käseherstellung und können dem erfahrenen Käser beim Käsemachen zuschauen. So in der Oberen Mühle in Bad Oberdorf, in der Alpe Kematsried in Oberjoch, auf der Alpe Schlappold, eine der ältesten im Oberallgäu, am Fellhorn und auf der Alpe Laufbichl, wegen ihrer schönen Lage im Naturschutzgebiet auch Königsalpe genannt, und vielen mehr. Allgäuer Bergkäse, eine Delikatesse und ein schönes Mitbringsel.

Oben:
Die malerische Plättelealpe bei Hinterstein

Unten:
So werden die Bergkäse gelagert und zur Reife gebracht.

Oben:
Saftige Wiesen, Allgäuer Braunvieh

Mitte und unten:
Auf der Sennalpe, Käserin

Links:
Echter Allgäuer Bergkäse

Lanigs hausgemachtes
Krustenbrot mit Nüssen

Für 4 Personen **Zutaten**
1 kg Backmischung Krustenbrot
oder Hefeteig
1/4 l Wasser od. 1/4 l Bier (Weizenbier)
200 g Haselnüsse
150 g Rosinen
40 g Fenchelsamen

Zubereitung

Die Backmischung mit dem Wasser oder Bier zu einem Teig mischen und gut durchkneten. 20 Minuten zugedeckt gehen lassen. Dann dem Teig die Haselnüsse, die Rosinen und den Fenchel beigeben und nochmals durchkneten. Daraus Brot in der gewünschten Form formen: Stangen, rund, einen Ring, Herzform. Der Kreativität sind keine Grenzen gesetzt.
Den Backofen auf 260°C vorheizen. 5 Minuten anbacken. Dann den Backofen auf 200°C zurückstellen und das Brot circa 50–60 Minuten fertig backen.

Lanig-Tipp
Es gibt eine Vielzahl von fertigen Brotbackmischungen zu kaufen. Bitte dort die Anleitung beachten und die Zutaten wie Nüsse, Rosinen etc. nach Belieben dazugeben. Mehr oder weniger, je nach Geschmack.

Heimisches Handwerk und Handwerkskunst

Im Allgäu ist das Handwerk zu Hause. Hier kann beim „Schnipfler" zugeschaut werden, wie die schönsten Figuren und Kunstwerke aus einem einfachen Holzstück geschnitzt werden.

Bei uns finden Sie die schönsten Krippen und Krippenfiguren. Das Meisterwerk Allgäuer Schnitzkunst in der Kirche von Bad Oberdorf zeigt auf brillante Art den Übergang von der Spätgotik zur Renaissance. Der Schindelmacher fertigt die Schindeln für die Häuser nach alter Handwerkskunst eigenhändig an. Am Grünten wurde jahrhundertelang Erz abgebaut, im Sonthofener Hüttenwerk zu Eisen geschmolzen und in den wasserkraftbetriebenen Schmieden im Ostrachtal zu Nägeln, Arbeitsgeräten und Waffen verarbeitet. Die Hammerschmiede kann heute noch in Bad Hindelang besichtigt werden. Hier werden heute Pfannen für den Hausgebrauch und Geräte für die Landwirtschaft hergestellt. Im Allgäu gibt es noch den Schellenschmied, der die schönsten Kuhglocken mit wunderbarem Klang anfertigt. Holz wird von den Schreinern zu Bauernmöbeln verarbeitet.

Oben:
Schindelmacher, Schnitzer und Schmied bei der Arbeit

Rechts:
Die historische alte Hammerschmiede an der Ostrach in Bad Hindelang mit dem beeindruckenden Wasserrad

Linke Seite:
Alpenrosenblüte am Fellhorn

Handwerk – 51

Mittags

Früher: Deftig waren die Mittagessen damals. Sonntags gab es den traditionellen Schweinebraten mit Rotkraut und Kartoffelknödel. Oder den Rinderschmorbraten mit Kartoffeln, ein kleines Salattellerchen dazu. Und vorab immer eine Suppe.

Heute: Die Zeit der großen mehrgängigen Mittagsmenüs gehört bei uns der Vergangenheit an. Nach dem opulenten Frühstück wird zum großen Teil das Mittagessen ganz ausgelassen oder kleine Gerichte eingenommen. Am gefragtesten sind die zahlreichen raffinierten Salatkompositionen aus verschiedenen knackig frischen Salaten. Hoch im Kurs stehen auch Pasta-Gerichte. Sie passen optimal in die heutige Zeit, denn die leicht bekömmlichen Kohlenhydrate liefern schnell Energie, ohne den Organismus zu belasten. Vegetarische Gerichte und je nach Jahreszeit Suppen liegen groß im Trend. Auch Pfannkuchen und Sandwiches sind beliebte Mittagssnacks.

Spaghetti Al Pesto, mit Tomatensauce, Champignon-Rahmsauce, Aglio Olio und Peperoncino

Junger bunter Sommersalat
Mesclun mit Balsamico-Dressing

Für 4 Personen

Zutaten

Junge Salatblätter bunt gemischt (gibt's fertig zu kaufen) oder Sie mischen sich selbst: Feldsalat, Cordifole, Escariole, Löwenzahn, Eiskraut, Spinatsalat Pourpier, Cousteline, Tetragone Cornue, Wiesenknopf, Melisse, Kerbel, Sedum, Eichblatt und je nach Jahreszeit essbare Blüten

Für 1/2 l Dressing:
300 ml geschmacksneutrales Pflanzenöl
100 ml Olivenöl, extra vergine
75 ml Balsamico
20 ml Rotweinessig
1 TL Dijon-Senf
frisch gemahlener Pfeffer
2 Prisen Meersalz
Aromat

Zubereitung

Die Salatblätter waschen, trockenschwenken, den Kerbel zwischen Küchenpapier abtrocknen und alles zusammen in eine Salatschüssel geben.
Für das Dressing:
Alle Zutaten gründlich miteinander mischen und in eine Flasche füllen. Die Flasche gut durchschütteln und die Sauce auf den Salat geben.
Weitere Salatsaucen-Rezepte und Dressings Seite 218

Lanig-Tipp Ausgezeichnet dazu schmecken auch: 2 hartgekochte und fein gehackte Eier, in feine Scheibchen geschnittene Radieschen und frische in feine Scheiben geschnittene rohe Champignons. Dazu eine Salatsauce aus 1 TL Senf, 2 EL Zitronensaft, 3 EL Nussöl oder Olivenöl, Salz und Pfeffer nach Belieben.

Salate, Salate, Salate ...
Romana-Salat mit Crevetten

Für 4 Personen

Zutaten

1 großer Lattuga Romana, alternativ kann auch Eisbergsalat genommen werden

4 Avocados
1 Ananas
200 g Crevetten, gekocht
6 EL Mayonnaise
6 EL Ketchup
1 EL flüssige Sahne

Rucolasalat mit Speck und Bergkäse, Rezept Seite 219

Salat von frischen Pfifferlingen, Rezept Seite 219

Salat mit gebratenem Hirschfilet und Bergkäse

Zubereitung

Den Salat waschen, circa 2–3 cm dick schneiden. In eine Schüssel geben. Die Ananas schälen und in kleine Schnitze schneiden und dazugeben, 4 Schnitze für die Garnitur aufbehalten und daraus einen Fächer schneiden. Die Avocados aus ihrer Schale lösen und eine Hälfte in Stücke schneiden und aus der anderen einen Fächer für die Garnitur schneiden. Die Avocado-Stücke und die Crevetten zum Salat in die Schüssel geben und durchmischen. Für die Cocktailsauce die Mayonnaise, das Ketchup und die flüssige Sahne miteinander gut durchmischen. Eventuell etwas wenig Cognac darunter-geben. Den Salat auf 4 Teller verteilen, die Cocktailsauce darübergeben und mit Ananas und Avocadofächer dekorieren.

Lanig-Tipp An Stelle der Cocktailsauce eine Orangen-Vinaigrette machen. 1 TL Dijon-Senf, 2 EL Orangensaft, 1 EL Zitronensaft, 5 EL Olivenöl, 1 Schalotte fein gehackt, Salz und Pfeffer aus der Mühle zum Abschmecken. Alle Zutaten verrühren, über den Salat verteilen. 1 Orange geschält, Schnitze auslösen und in feine Würfelchen schneiden und darübergeben. Tipp: Wenn die Avocado noch zu wenig reif und noch hart ist, diese 2 Tage in eine Zeitung einpacken und in Zimmertemperatur stehen lassen. Jetzt ist sie reif und weich und lässt sich gut aus der Schale lösen. Wenn der Kern sich noch nicht sofort löst, mit einem Messer hineinstechen und ihn aus dem Fleisch ziehen.

Pinzimonio, Crudité, Gemüserohkost mit Salatsaucen und Dips

Für 4 Personen

Zutaten

500 g Gemüse
z. B. Gurken, Karotten, Peperoni, Stangensellerie, Fenchel, Tomaten, Radieschen, Kopfsalat, Latuga Romana (unser Lieblingssalat), weißer Chicorée, Artischocken, Champignons, Frühlingszwiebeln und praktisch jedes andere knackige Gemüse, das roh schmackhaft ist. Gelegentlich auch blanchierter Spargel.

Zubereitung

Das Gemüse und die Salate waschen und in einer großen Schüssel, auf einer Platte oder in einem Korb dekorativ anordnen. Sie können die Salate im Ganzen lassen, oder auch in Stängel oder Schnitze schneiden. Eine oder mehrere Salatsaucen oder Dips herrichten. Pro Person ein kleines Schälchen für die eigene Salatsauce eindecken. Als „mis en place" Rotweinessig, Olivenöl, Balsamico, Meersalz, Pfeffer aus der Mühle, Streuwürze immer auf den Tisch stellen.

Lanig-Tipp Die Salatstücke einfach in die Sauce eintunken und mit der Hand essen. Bei uns essen sogar diejenigen Kinder, die sonst keinen Salat mögen, mit Leidenschaft auf diese Art Gemüse und Salate. Pinzimonio ist die italienische Version der französischen „crudité". Die Rohkostplatten sind immer malerisch.

Tomaten-Mozzarella-Terrine mit Basilikum-Pesto

Für 4 Personen

Zutaten

Für die Terrine:
1 Terrinenform, 7,5 dl Inhalt
Klarsichtfolie
1,5 kg reife Ramata-Tomaten
Salz, Pfeffer aus der Mühle
Olivenöl extra vergine
3 Mozzarella di Bufala (kann auch normaler Mozzarella genommen werden)
3 Bund Basilikum

Für das Basilikumpesto:
50 g Basilikum
1 EL Pinienkerne
1 Knoblauchzehe
1 dl kalt gepresstes Olivenöl
1–2 EL Parmesan, gerieben
Salz und Pfeffer aus der Mühle

Für die Zitronenvinaigrette:
1 dl Olivenöl
Saft einer Zitrone
Salz, Pfeffer aus der Mühle

Zubereitung

Die Terrinenform mit etwas Wasser auspinseln und mit Klarsichtfolie so auskleiden, dass die Folie über den Rand hinausragt.

Die Tomaten einschneiden und circa 20 Sekunden in siedendes Wasser geben, danach sofort in kaltem Wasser abschrecken, schälen, vierteln und entkernen. Die Tomatenviertel nebeneinander auf saugfähiges Haushaltspapier legen, mit Papier zudecken, sorgfältig flach drücken, mit Salz und Pfeffer würzen und mit Olivenöl beträufeln. Den Mozzarella mit einem scharfen Messer in circa 2 mm dünne Scheiben schneiden. Leicht würzen und mit Olivenöl beträufeln. Das Basilikum waschen, die Blätter abzupfen und abtrocknen.

Zuerst die Tomaten, dann die Mozzarellascheiben und die Basilikumblätter abwechselnd in die vorbereitete Terrinenform schichten. Die überhängende Folie darüberlegen. Die Füllung sehr gut pressen und beschweren. Die Terrine 4–8 Stunden kühl stellen.

Basilikumpesto:
Alle Zutaten zu einer feinen Paste mixen und abschmecken.

Zitronenvinaigrette:
Das Olivenöl mit dem Zitronensaft und den Tropfen Balsamico gut verrühren und würzen.

Lanig-Tipp Die Tomaten-Mozzarella-Terrine kann auch mit flüssigem Tomatenpüree und Aspikpulver gemacht werden. Hierbei das Aspikpulver in 3 dl kochendes Wasser, mit 3 EL Tomatenpüree vermischt oder, wenn vorhanden, in heiße Tomatenessenz einrühren. Tomaten und Mozzarella abwechselnd lagenweise in die mit Klarsichtfolie ausgelegte Terrinenform legen und jede Lage mit der Aspikflüssigkeit bedecken. Auskühlen lassen und mindestens 4 Stunden kalt stellen. Aspiktipps siehe Seite 116.

Rindsfilet-Carpaccio mit Steinpilzen und Parmesan

Für 1 Person

Zutaten

100 g Rindscarpaccio oder Rindsfilet am Stück zum hauchdünn Aufschneiden
2 große frische Steinpilze
1/2 Zitrone
etwas Olivenöl
schwarzer Pfeffer aus der Mühle
nach Belieben Parmesan oder Peccorinokäse
Zum Dekorieren Basilikumblätter und Kirschtomate

Zubereitung

Das Rindsfilet im Tiefkühlfach angefrieren und mit der Schneidemaschine in hauchdünne Scheiben schneiden. Oder im Supermarkt oder beim Metzger schon fertig geschnittenes Carpacciofleisch kaufen. Die Scheiben auf einem Teller attraktiv verteilen. Zuerst den Saft der Zitrone, dann das Olivenöl und darnach den schwarzen Pfeffer darüber gleichmäßig verteilen. Die Champignons in feine Scheiben schneiden und darauf dekorieren. Dazwischen immer ein Blatt Rucolasalat. Mit dem Käsehobel den Parmesan darüberhobeln.

Carpaccio mit Melonenmus und Parmesan

Carpaccio von Tomaten mit Bärlauch-Ziegenkäse, Rezepte Seite 219

Lanig-Tipp Die legendärste Kreation von Giuseppe Cipriani (Harry's Bar & Cipriani in Venedig) ist das weltberühmte Carpaccio. Cipriani sagte zu dessen Entstehung, dass der Contessa Amalia Nani Mocenigo vom Arzt strenge Diät verordnet worden war, jedes gegarte Fleisch war ihr verboten. So ließ sich Cipriani ihr zuliebe was einfallen. Er schnitt rohes Filet hauchfein auf, allerdings schmeckte das Fleisch allein fade. Deshalb probierte er verschiedene Saucen aus, goss etwas davon über das Filet und zu Ehren des Malers, dem zur Erinnerung an jenem Jahr ein Ausstellung gewidmet wurde, und auch wegen der Farbe des Gerichts, die an gewisse, von diesem Maler benutzte Rottöne erinnerte, nannte er es „Carpaccio".

Das Allgäuer Leibgericht – die Kässpatzen

Für 4 Personen **Zutaten**

500 g Mehl
3 Eier
1/2 l Wasser
Salz, Pfeffer, Muskat
300 g geriebener alter Bergkäse, frischer zieht Fäden
1 Zwiebel, in Ringe geschnitten
200 g Butter

Zubereitung

Aus Mehl, Eiern und Wasser einen Spätzleteig zubereiten. Gut schlagen, dass er schön glatt und ohne Klümpchen ist. In einem Topf Salzwasser aufkochen lassen. Den Spätzleteig durch den Spätzlehobel (im Allgäu gibt es spezielle zu kaufen) ins kochende Salzwasser hobeln. Aufwallen lassen. Mit einer Schöpfkelle die Spätzle in eine vorbereitete Kässpatzen-Schüssel geben. Zuerst eine Lage Spätzle, nicht abtropfen lassen, sondern mit dem Wasser, das noch zwischen den Spätzle ist, in die Schüssel geben. Dann eine Schicht geriebener Käse, wieder eine Schicht Spätzle, eine Schicht Käse und so fort, bis die Schüssel voll ist. In einer separaten Pfanne die Zwiebeln in Butter goldbraun rösten und über die Spätzle gießen. Alles gut zusammen vermischen. Einige Zwiebeln als Dekoration obendrauf legen. Mit etwas Salz, wenig Muskat und schwarzem Pfeffer aus der Mühle abschmecken.

Lanig-Tipp
Im Allgäu werden die Kässpatzen direkt aus der großen Schüssel mit einem Löffel gegessen. Wie in der Schweiz beim Fondue. Es setzen sich alle an einen Tisch. Jeder hat vor sich einen Löffel und auf einem Teller frisch gebackenes Bauernbrot. Nun nimmt sich jeder seine Kässpatzen direkt aus der Schüssel. In früheren Zeiten und auf den Alpen wurden die Kässpatzen ohne Eier gemacht, da es keine Eier gab.

Rosen von Räucherlachs mit Kartoffelrösti

Für 4 Personen

Zutaten

8 Scheiben Räucherlachs

Für die Rösti:
1 kg Kartoffeln, z.B. Charlotte
100–150 g Kochbutter, Fett oder Öl
30 g frische Butter
Salz

Zubereitung

Aus 4 Lachsscheiben Lachsrosen drehen. Die anderen vier Scheiben dekorativ um einen Zweig wickeln.

Röstivariationen:
Als Grundrezept die Kartoffeln schälen und mit der Röstiraffel zu Streifchen reiben. Die Butter in einer Pfanne erhitzen. Die Kartoffeln mit dem Salz mischen und hineingeben. Mit der Bratschaufel zu einem Kuchen pressen. Die Rösti zudecken und auf kleinem Feuer braten, bis sich unten eine gelbbraune Kruste gebildet hat (je nach Größe circa 10 Minuten). Die Pfanne ab und zu sorgfältig schütteln, da die Rösti leicht anbrennt. Bei rohen Kartoffeln ist eine längere Bratzeit nötig. Wünscht man die Rösti beidseitig gelb gebacken, dann nach dem Wenden nochmals in die Pfanne geben. Bei Rösti von gekochten Kartoffeln müssen diese am Vortag nicht zu weich gekocht werden. In der Schweiz ist die klassische und beliebteste Rösti-Art die von „gschwellten Härdöpfel". Aber auch die Rösti von rohen Kartoffeln wird gemacht, auch in Verbindung mit Kürbis-Knoblauch oder Fenchel oder Kartoffel-Apfel-Röstini mit Vanillesauce.

Rösti schmeckt auch gut mit einer der nachstehenden Zutaten: 50–100 g Speck, kleinwürflig geschnitten, mitbraten, Zwiebeln, 2–3 fein geschnitten oder gehackt, zuerst im Fett durchdämpfen und mitbraten, 40–80 g Käse, fein geschnittene Scheibchen, unter die Rösti geben, nachdem sie etwas angebraten ist.

Lanig-Tipp Für die Lachsrosen: Mit einem ganz scharfen Messer hauchdünne Scheibchen Lachs, circa 3 cm groß, runterschneiden. Schräg schneiden. Diese Scheibchen um den Zeigefinger wickeln. Eine weitere Scheibe runterschneiden und dazuwickeln, immer so fort, bis sich eine Rose gebildet hat. Im Kühlschrank kalt stellen, bis sie gebraucht werden.

Clubsandwich mit gebratener Hähnchenbrust und Frühstücksspeck

Für 4 Personen

Zutaten

4 Hähnchenbrüstchen von circa 100 g
Butter zum Braten
4 Scheiben weißes oder dunkles Toastbrot
4 Blätter Eisbergsalat oder Romana
1 EL Mayonnaise
2 EL Sauerrahm
2 hartgekochte Eier, in Scheiben geschnitten
12 dünne Scheiben Salatgurke
4 Tomaten, in Scheiben geschnitten
Salz und Pfeffer
1 schöne Scheibe Frühstücksspeck

Zubereitung

Die Hähnchenbrust würzen und in wenig Butter braten oder kochen und schräg in feine Scheiben schneiden. Das Brot toasten. Die Salatblätter in Streifen schneiden und mit der Mayonnaise und dem Sauerrahm vermischen, mit Salz und Pfeffer würzen. Den Salat gleichmäßig auf vier Brotscheiben verteilen. Darauf die Hähnchenbrust, die Gurkenscheiben, die Tomatenscheiben und die Eier legen. Wie belegte Brote aufeinander legen, mit der vierten Scheibe bedecken und leicht gegeneinander drücken. Mit zwei Zahnstochern befestigen. Den Speck knusprig braten und mit der Cherrytomate garnieren.

Lanig-Tipp Sie können auch ringsum die Rinde wegschneiden, dies empfiehlt sich vorher zu machen. Die Sandwiches nach Belieben diagonal halbieren und mit schwarzer Olive, Spargelspitze und Speck garnieren. Sie können auch zusätzlich ein ganzes Salatblatt dazwischenlegen. Dazu Pommes frites, wie in Amerika.

Lasagne mit frischen Steinpilzen

Für 4 Personen

Zutaten

Für den Teig:
300 g Weizengrieß oder
150 g Weizengrieß und 150 g Mehl
3 Eier
1–2 EL Olivenöl
Salz

Alle Zutaten mischen und gut durchkneten, bis ein glatter Teig entsteht. Den Teig in einer Klarsichtfolie 2–3 Stunden ruhen lassen. Sie können auch fertige Lasagne-Blätter kaufen.

Für den Belag:
300 g frische Steinpilze
1 fein gehackte Zwiebel
kaltgepresstes Olivenöl
Salz, Pfeffer, Butter

Zubereitung

Frischen Pasta-Teig ausrollen und gewünschte Lasagne-Blätter quadratisch oder rechteckig ausschneiden. Diese in Salzwasser gar kochen, abgießen und kurz mit kaltem Wasser abschrecken.
Die frischen Steinpilze putzen und in Scheiben schneiden, nicht waschen. Im Olivenöl die gehackten Zwiebeln und die Steinpilze anbraten. Mit Salz und Pfeffer würzen. Einige schöne dekorative Steinpilze auf die Seite stellen und warm halten. In die Teller oder Form eine Schicht Lasagne-Blätter legen. Darauf eine Schicht Steinpilze, wieder eine Schicht Lasagne-Blätter, darauf eine Schicht Steinpilze. So einige Schichten nach Wunsch bilden. Auf die oberste Schicht etwas Butter legen und die Form in den auf 200 °C vorgeheizten Ofen schieben und circa 5 Minuten garen lassen. Rausnehmen, mit den restlichen Steinpilzen ausgarnieren und servieren.

Lanig-Tipp Wenn Sie die Lasagne gerne etwas crèmiger hätten, dann den angebratenen Steinpilzen und Zwiebeln etwas Sahne beifügen und leicht einreduzieren lassen. Achtung Pilzesucher: Nehmen Sie nur Pilze, die Sie kennen, und lassen Sie Ihre Ausbeute von einem Pilzexperten prüfen.

Opa Lanigs Farci-Gemüse

Für 4 Personen

Zutaten

3 rote oder grüne Paprika
3 Tomaten
3 gelbe Paprika
3 runde Zucchini
200 g gehacktes Rindfleisch
100 g Schweinsbratwurstbrät
2 Eier
1 alte Semmel, in Milch eingeweicht
Herbes de Provence-Gewürzmischung oder Salbei, Thymian, Lavendel, Rosmarin, Majoran fein hacken und zusammenmischen
Salz, Pfeffer, Aromat
etwas Parmesan

Zubereitung

Gemüse mit Fleischfüllung: Zucchini und Paprika kurz in heißem Wasser circa 2–5 Minuten kochen lassen. Den Kopf abschneiden und als Deckel auf die Seite legen. Alle aushöhlen und das Fruchtfleisch von Zucchini und Tomaten zum Hackfleisch in einer Schüssel dazumischen, das Bratwurstbrät beimischen, mit Salz, Pfeffer, Aromat und den Gewürzen gut durchkneten. Die in Milch eingeweichte Semmel und ein ganzes Ei und ein Eigelb beimischen. Nochmals alles gut durchkneten und in das ausgehöhlte Gemüse einfüllen. Etwas Parmesan darüberstreuen und die Deckel wieder draufsetzen. In eine geölte Auflaufform setzen und im auf 180 °C vorgeheizten Ofen während 35 Minuten auf der unteren Stufe backen lassen.

Lanig-Tipp Sie können jede beliebige Art von Fleisch als Füllung nehmen, so gehacktes Kalbfleisch, Truthahn, Hähnchen, ganz nach Belieben. Sie können Reis beimischen, Knoblauch, je nach Geschmack. Als Gemüse zum Füllen eignen sich auch Zwiebeln, Kartoffeln, Auberginen.

Gefüllter Pfannkuchen mit Blaubeeren oder frischem Obstsalat

Für 4 Personen

Zutaten

Für den Teig
1/2 l Milch
250 g Mehl
4 Eier
20 g zerlassene Butter
60 g Zucker

20 g Butter zum Backen

Füllung:
Blaubeeren:
1/4 l Rotwein
100 g Zucker
400 g Blaubeeren
1 TL Mondamin
Puderzucker zum Ausgarnieren

Zubereitung

Alle Zutaten für den Teig zusammen zu einem glatten Teig rühren. Etwas Butter in eine Pfanne geben und den Teig reingeben. Je nach Wunsch dünnere oder dickere Pfannkuchen backen, bis sie goldgelb sind. Anrichten.

Für die Füllung den Rotwein in einer Pfanne leicht warm werden lassen, mit Mondamin abziehen, den Zucker und die Blaubeeren dazugeben, alles kurz umrühren und sofort vom Feuer nehmen. Die Beerenmasse auf die eine Hälfte des Pfannkuchens geben und die andere Hälfte darüberklappen. Mit Puderzucker und Beeren auf dem Teller ausgarnieren.

Lanig-Tipp
Sie können den gleichen Teig auch für unseren beliebten Kaiserschmarrn nehmen. Dann noch etwas Rosinen beigeben und wenn der „Kuchen" fast fertig ist, ihn mit zwei Gabeln in Stücke zerreißen. Mit Puderzucker bestreuen.

Melonen mit Eisenkraut-Sorbeteis

Für 4 Personen

Zutaten
2 kleine reife Melonen (Cavaillon)
500 g Zucker
1 l Wasser
1 große Hand voll getrocknetes Eisenkraut (Verveine)

Zubereitung
Die Melonen nach Wunsch in die gewünschte Form schneiden, aushöhlen und Kerne entfernen. Mit einem Kugellöffel Melonenkugeln ausstechen und alles kalt stellen.
In einem Kochtopf das Wasser mit dem Zucker zum Kochen bringen. Vom Feuer nehmen. Das Eisenkraut beifügen und circa 50 Minuten zugedeckt ziehen lassen. Absieben und die Flüssigkeit kalt stellen. In die Sorbetière geben und anschließend im Tiefkühlfach gefrieren lassen. Zum Anrichten das Sorbet mit einem Löffel ausstechen und zusammen mit den Melonenkugeln in die ausgehöhlten Melonenhälften geben.

Lanig-Tipp
Sie können auch Melonen- oder Zitroneneis dazu nehmen.

Auf einer Berghütte, inmitten von weidenden Kühen, fern ab vom Alltag, die Ruhe und den Blick ins Tal und auf die Berge, die Allgäuer Lebensart genießen. Frische Buttermilch trinken, eine deftige Brotzeit machen. Die klare Alpenluft einatmen, den im Winde tanzenden Gräsern zuschauen, sich über die wunderbaren Steinformen freuen. Dies alles ist Natur erleben. Wer einmal hier Urlaub macht, wird immer wieder kommen.

Natur erleben

Stein auf Stein – Natur pur. Bodenschätze aus den Alpen.

Tradition und Authentizität mit Holz und Stein.
Alte Schindeln, sonnenverbrannte Holzbalken und felsige Alpensteine. Bodenschätze aus den Alpen. Naturecht und sonnenverbrannt ist das Holz. Die von den Viehweiden stammenden Steine und Felsen sind schon eingemoost.

Für die Duschen, Bäder und Böden wurden Andeer Granitplatten zusammen mit Ostrachtaler Flusssteinen verlegt. Ja sogar Zimmernummern in den Granitböden erscheinen in diesen Steinkieseln.
Der Spa-Brunnen mit Quell- und Mineralwasser ist aus Steinen von den Viehweiden gemauert. Einzigartig in der Gestaltung, gekonnt interpretiert und einem alten Salzbergwerkstollen nachgeahmt ist die Solegrotte. Baumstämme stützen die Deckenkonstruktion.
Die Wände sind aus Felsbrocken gebaut, mit viel Mühe und Liebe aufeinandergeschichtet. Die Steine halten die Wärme. Ein feiner Sprühnebel von Sole verleiht gesunden Saunagenuss. Die grünlichen Granitsteine wurden aus Schweizer Steinbrüchen rausgesprengt. Die runden Kieselsteine sind in hunderten von Jahren in den Allgäuer Bächen und Flüssen glatt geschliffen worden und zeigen sich in ihrer faszinierenden Schönheit.
Alpenblumen sind überall gegenwärtig. Sie stammen von umliegenden Wiesen und Alpen.

Hoch hinaus, Gipfelstürmer im Allgäu

Linke Seite:
Der berühmte
Hindelanger Klettersteig

Oben links:
Schönstes Alpenpanorama
mit Schrecksee

Oben rechts:
Gipfelkreuz auf dem
Hirschberg

Unten links:
Sessellift am Iseler

Unten rechts:
Engeratsgundsee mit
Hochvogel

Unsere Berge bieten tausend Möglichkeiten und immer einen Hochgenuss für Groß und Klein, für gemütliche Wanderer und extreme Bergsteiger.

Wandern in wunderschöner Berglandschaft und sich gleichzeitig bei sauerstoffreicher Höhenluft regenerieren. Wandern, klettern, genießen. In vielen Tourenführern empfohlen. Hoch oben ist man dem Himmel ein Stück näher und der Alltag bleibt im Tal. Sie können mit Bergbahnen die Berge bequem erreichen und von dort aus Ihre Touren machen oder schon vom Tal her die Berge besteigen. Auf den Gipfeln stehen wunderschöne Gipfelkreuze. Berühmte Wanderrouten führen durch das Allgäu, so der Europäische Fernwanderweg nach Südtirol, der Heilbronner Weg, einzigartig der Hindelanger Klettersteig, als Dach des Allgäus grüßt der Krottenkopf. An idyllischen Bergseen vorbei zu berühmten Berggipfeln wie Rauhhorn, Geißhorn, Höfats, Mädelegabel, Trettach, Großer Daumen, Rotspitze, Breitenberg, Entschenkopf und der bekannte Hochvogel, um nur einige zu nennen. Weltbekannt Nebelhorn und Fellhorn, Ausgangspunkt vieler Bergtouren. Einkehren und Übernachten bei den Hüttenwirten der Alphütten. Gemütliches Wandern, an imposanten Wasserfällen vorbei, im Rucksack die Brotzeit oder Einkehr in den vielen Alphütten mit atemberaubenden Ausblicken. Über den Iseler, das Wertacher Hörnle oder eine Rundwanderung nach Tirol. Die schönsten Höhenwege der Allgäuer Alpen und viele Kletterfelsen laden ein.

Hoch hinaus –

Nachmittags

Früher: Die beste Zeit, Kuchen und Gebäck zu genießen, war immer schon der Nachmittag. Denn Süßes gehörte schon immer zu dem Luxus, der einem das Leben im wahrsten Sinne des Wortes versüßt. Die Auswahl an Kuchen musste groß sein. Beliebt waren Sahne- und Crèmetorten. Aus dieser Zeit stammen viele Kuchenklassiker. Man nahm ein, zwei, ja sogar drei Stück und trank dazu sein Kännchen Kaffee. Und diejenigen, die gerne Eis aßen, bestellten einen Eiskaffee oder einen großen Eisbecher mit Früchten. Im Winter war die heiße Schokolade mit Sahne obendrauf ein Renner.

Heute: Auch heute gehören Kaffee, Kuchen, Eis nach wie vor zu den beliebtesten Nachmittagsverführungen. Allerdings hat sich die Vorliebe für die verschiedenen Kuchen in den Jahren etwas geändert. Im Gegensatz zu früher, als kalorienreiche Torten mit Schokoladencrème und Sahne gefragt waren, bevorzugen die Gäste heute den leichten fruchtigen Kuchengenuss. Wie Apfelstrudel, Zwetschgendatschi, Apfeltarte, Früchtekuchen etc. An Stelle von Sahne wird oft eine Kugel Vanilleeis genommen. Dazu ein Haferl Kaffee oder ein Tee aus der großen Auswahl an Teesorten. Im Winter ein Glühwein oder die heiße Schokolade mit Sahne. Sommerzeit ist Eiszeit! Mit unserer neuen italienischen Gelateria kommen die Gäste in den Genuss von einzigartigen Eissorten, alle selbstgemacht. Auch frische Obstsalate in vielen Variationen erfreuen sich großer Beliebtheit.

Kuchenrezepte Seiten 220/221

Apfelstrudel Rezept Seite 220

Süße Verführung
hausgemachte Kuchen

Für 1 Kuchen **Zutaten**
Aprikosenkuchen:
Mürbteig
1 kg Aprikosen
100 g Zimtzucker
100 g Butterflocken
Bisquitbrösel
Aprikosenmarmelade
etwas Wasser oder Apfelsaft

Zubereitung

Eine Backform einfetten oder mit Butter einstreichen. Den Mürbteig dünn auswallen und die Form damit auslegen. Die Bisquitbrösel auf den Boden geben. Die Aprikosen waschen, halbieren oder wie beim Zwetschgendatschi einschneiden. Von innen nach außen kreisförmig auf den Teig stellen. Mit Zimtzucker bestreuen. Je nachdem wie süß oder sauer die Aprikosen sind, mehr oder weniger Zucker nehmen. Die Butterflocken darüber verteilen.
Bei 180 °C im vorgewärmten Backofen circa 35 Minuten backen. Noch heiß aus der Form stürzen und auf ein Kuchengitter legen. Die Aprikosenmarmelade mit etwas Wasser oder Apfelsaft aufkochen und mit einem Pinsel die Aprikosen damit bestreichen, so dass sie wunderschön glänzen.

Zwetschgendatschi, Rezept Seite 222,
Kirschkuchen Seite 220

Lanig-Tipp Sie können auch noch geröstete Mandelblättchen darüberstreuen. Auf die gleiche Art und Weise können Sie auch einen Pflaumenkuchen, Kirschkuchen oder anderen Obstkuchen zubereiten.

Fruchtsorbets und Eiscafé

Für 4 Personen

Zutaten

Fruchtsorbets:
400 g frische Beeren, Himbeeren, Brombeeren, Erdbeeren, Heidelbeeren, etc.
3 dl Wasser
200 g Zucker

Eiscafé:
Zutaten für 1 Person:
1 bis 2 Kugeln Vanille-Doppelrahmeis
2 Tassen Kaffee oder Espresso, eisgekühlt
Sahne geschlagen

Zubereitung

Fruchtsorbets:
Das Wasser mit dem Zucker aufkochen, die Beeren dazugeben, mixen und durch ein Sieb passieren. Das Ganze erkalten lassen, in ein passendes Gefäß füllen und gefrieren.

Eiscafé: 1 Kugel Vanilleeis in den Kaffee geben und mit dem Mixer gut durchmischen. Alles in ein Glas geben, die andere Kugel Vanilleeis dazugeben, mit einer Sahnehaube verzieren und mit Kaffeebohnen, Kaffeepulver, Schokopulver oder -streusel bestreuen.

Vanilleeis-Rezept Seite 222

Lanig-Tipp Das ist die einfachste Form, um selbst ein Sorbet-Eis herzustellen. Wenn Sie eine Sorbetière haben, wird es natürlich noch besser. Sie können dem Wasser auch noch andere Geschmacksrichtungen wie etwas Likör, z.B. Cassis, beigeben.
Eiscafé: Besonderes gut schmeckt ein Eiscafé, wenn Sie noch 1 cl Batida de Coco und 1 Prise Zimt dazugeben.

Abgewandeltes Gargouillou (Durenand) von Obst und Beeren nach Michel Bras

Für 4 Personen	1 Grapefruit
	2 Pfirsiche
Zutaten	Beeren nach Wunsch
1 Apfel	es können alle Früchte, so vielseitig wie
1 Birne	möglich, genommen werden
1 Orange	Melonen, Aprikosen, Zitronen, Nektarinen

Zubereitung

Obst entkernen, entsteinen und wenn nötig schälen. Apfel, Birne in Viertel und dann in Scheiben schneiden, Orange und Grapefruit filetieren, Steinfrüchte entsteinen, vierteln und in Scheiben schneiden. Melonen in kleine Stücke schneiden, alles zusammen auf die Teller anrichten, die Beeren am Schluss dazugeben. Guten Appetit.

Lanig-Tipp Ein herrlich erfrischender Obstsalat, mal auf neue Art hergerichtet. Michel Bras, der Dreisternekoch aus Laguillole, richtet sein Gargouillou mit vielen Gemüsearten wie Kunstwerke an. Versuchen Sie es auch!

Erdbeersuppe
mit Salbei und Eis

Für 4 Personen **Zutaten**
1 kg Erdbeeren
1,5 dl Honig
1 Vanilleschote
1 EL Orangenblüten
1 Zitrone
3 Blätter Salbei
1 Sträußchen Salbei als Garnitur

Zubereitung
Die Erdbeeren waschen und vom Grün befreien. In Hälften oder Viertel schneiden, je nach Größe. In einen Kochtopf den Honig zusammen mit der in zwei Hälften geschnittenen Vanilleschote geben. Die Orangenblüten und den Saft der Zitrone beigeben. Den gewaschenen, entstielten und in Streifen geschnittenen Salbei zu den Erdbeeren geben. Den Sirup erkalten lassen und noch lauwarm über die Erdbeeren gießen. Hübsch ausgarnieren.

Lanig-Tipp Basilikum: Dieses beliebte Gewürzkraut fand früher vor allem Verwendung als Heilmittel gegen alle möglichen Beschwerden, bevor es den Weg in die Küche fand. Da sich der betörende Duft der frischen Basilikumblätter beim Trocknen und Kochen bald verflüchtigt, sollte man das Kraut nur ganz frisch verwenden. Mit seiner süßlich-pfeffrigen Note passt es hervorragend zu Sommergemüsen und Salaten wie Tomaten, Auberginen, Zucchini, Gurken, aber auch zu südlichen Gerichten mit Fisch, Fleisch, Geflügel, Reis und Teigwaren. Berühmt ist das italienische Basilikumpesto.

Alpenländisch

genießen

Wasser ist die Urkraft der Natur und Sinnbild des Lebens. Entdecken Sie sprudelnde Quellen, lauschen Sie dem Plätschern eines Wildbachs, der sich irgendwo als rauschender Wasserfall hinunterstürzt. Erfreuen Sie sich an den Tautropfen auf den Blättern. Bei uns können Sie das Wasser aus jedem Bach, jedem Brunnen und sogar aus der Wasserleitung bedenkenlos trinken. Diese Reinheit der Natur ist ein unermesslicher Reichtum und Luxus, der immer seltener wird.

Wasser – Kraftquelle der Natur

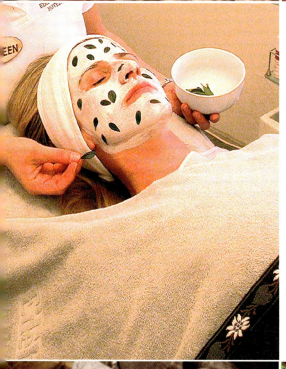

Wasser reinigt und heilt. Gesundheit durch Wasser, Wohlbefinden durch Wasser. „Ohne Wasser ist kein Heil", wusste schon Goethe. Wasser ist ein wiederkehrendes Element, von der klassischen Badekultur mit Sauna, Whirlpool und Haman bis hin zu Erlebnisbädern und Steingrotten. Wenn warmes Wasser den Körper umspült, können wir uns entspannen und den Alltag hinter uns lassen. „Sanus per Aquam" – SPA. Wohl fühlen und genießen. Wellness in reiner Alpenluft. Urlaub im Allgäu als Beautykur, in Kombination aus Sport, Wellness und SPA. Schon der bloße Aufenthalt in Hochlagen ist Wellness pur. Denn die Bergluft erhöht den Sauerstoffgehalt im Blut.

Appetithäppchen: Der kleine Gruß aus der Küche

Das Allgäu – ein großer Blumengarten. Wenn Hänge und Wiesen zum Blumengarten werden, ist im Allgäu der Bergfrühling erwacht. Einzigartig die Alpenrosenblüte im Fellhorngebiet. Freuen Sie sich über wunderschöne Märzenbecherwiesen und aurikelübersäte Hänge. Wandern Sie entlang von bunten Sommerwiesen mit einer bunten Pracht an Wiesenblumen. Entdecken Sie das wild wachsende Alpenveilchen, die sonnengelben Trollblumen, die tiefblauen Enzian und in höheren Felslagen das wild wachsende Edelweiß.

Alpenflora

Farbenprächtig der Herbst mit rot und gelb verfärbten Wäldern

Kräftig blau der Himmel. Die Zeit der Viehscheide, wo das Vieh von den Alpen ins Tal getrieben und seinen Besitzern zurückgegeben wird, ausgeschieden. Daher: der Scheid.

Die bekränzten Tiere und ihre Hirten werden von hunderten von Gästen bewundert und sind ein beliebtes Fotoobjekt. Die Viehscheide sind mit großen Festzelten, Musik und Krämermärkten verbunden. Und wenn die Blätter fallen, kann man über wunderschöne Naturteppiche gehen. Der Nebel bleibt im Tal und oben auf den Bergen ist dann der wunderschönste und klarste Sonnenschein. Das ideale Bergwetter für Wanderer und Bergsteiger, die im Herbst in Scharen zu den Gipfeln und Bergen aufbrechen. Raus aus dem Nebel, rauf in die schönen Berge. Oder zum Klettern! Es muss ja nicht immer der Hindelanger Klettersteig sein, eine Vielzahl von Kletterfelsen in allen Schwierigkeitsgraden können erstiegen werden. In unseren Wäldern hausen viele Rehe, Hirsche, Füchse, Hasen und Gemsen. Im Herbst kann man die Hirsche hören. Zur Brunftzeit hallen nachts ihre Schreie durch die Wälder.

Linke Seite:
Das Hochmoor in Oberjoch mit Iseler

Unten links:
Silberdisteln

Unten Mitte:
Kapelle bei Unterer Schwandalpe

Unten rechts:
Das Allgäu im Herbst

Abends

Früher: Man aß kalt, Wurst, Käse und dazu Brot. Später folgten dann einfache Gerichte wie Lungenbeuscherl, Knödel in Pilzrahmsauce, Leberkäse mit Spiegelei. Dann wurde es schon internationaler mit Zürcher Geschnetzeltem, Cordon bleu, Zigeunerkotelette. Dazu immer eine Suppe oder eine Vorspeise. Und natürlich ein Dessert: Fruchtsalat. Dann hielt die „Nouvelle Cuisine" von Bocuse auch im LANIG Einzug. Und die Büfetts waren eine Augenweide, die Gerichte und Menüfolgen erste Klasse.

Heute: Höhepunkt des Tages ist das Abendessen – die klassische feine Küche. Mit dem Allerfeinsten und mit einer großen Auswahl kulinarischer Köstlichkeiten werden die Gäste

an festlich gedeckten Tischen Abend für Abend mit fünf- bis sechsgängigen Gourmetmenüs im Rahmen der Halbpension verwöhnt. Abwechselnd mit großartigen Themenbüfetts wie Tour d'Europe, Bayerisches Bauernbüfett folgen Abendmenüs mit Spezialitäten aus anderen Ländern. Das Amuse bouche oder der kleine Gruß aus der Küche ist ebenso eine Selbstverständlichkeit. Eine wichtige Rolle beim abendlichen Diner spielt auch der Wein. Im Keller lagern mehrere tausend Flaschen von hervorragenden Weinen aus vielen Ländern, die vom Hausherrn selbst eingekauft und auch zu den Menüs empfohlen werden.

Flusskrebse mit Knoblauch und Salaten

Für 4 Personen

Zutaten

24 gekochte und ausgelöste Flusskrebse
60 ml Olivenöl
6 Knoblauchzehen zerdrückt
1 kleine frische Peperoncino, fein gehackt
2 TL grobes Meersalz
1 TL Blattpetersilie, fein gehackt
junge Salatmischung
4 Flusskrebse mit Schale gekocht für die Dekoration

Zubereitung

Die gekochten Flusskrebse aus den Schalen lösen und in eine Schüssel geben. 2 EL Olivenöl, den Knoblauch, Peperoncino, Salz und Petersilie dazugeben und alles gut durchmischen. Den Rest des Öles erhitzen und die Krebse mit den Gewürzen kurz darin anschwenken. Anrichten. Die Flusskrebse im Ganzen als Garnitur darauflegen.

Lanig-Tipp An Stelle von Flusskrebsen können Sie auch Crevetten nehmen. Diese dann nicht kochen, sondern nur aus der Schale nehmen oder gefrorene verwenden und in die Marinade einlegen. Dann im heißen Öl so lange erhitzen, bis sie die Farbe gewechselt haben und rot geworden sind. Anrichten.

Hausgemachte Tafelspitzterrine mit Gemüse

Für 4 Personen

Zutaten

1 Tafelspitz (Rezept Seite 222)
Für die Terrine:
1 Terrinenform, mit Klarsichtfolie ausgelegt
2 Karotten
5 Essiggurken
2 Zwiebeln
Bund Schnittlauch

Für den Fond:
1 dl Weißweinessig
3 dl klare Tafelspitzbrühe
1 dl Wasser
Alles zusammen mischen

Zubereitung

Den Tafelspitz kochen (siehe Rezept Seite 222). Die Karotten der Länge nach dünn schneiden (am besten mit einer Schneidemaschine) und im Fond kurz blanchieren. Die Essiggurken ebenfalls der Länge nach dünn schneiden. Den kalten Tafelspitz gegen die Faser in dünne Scheiben schneiden (am einfachsten mit einer Schneidemaschine), die Zwiebeln in Ringe schneiden. Den Schnittlauch im Ganzen lassen.

Den Aspik (siehe Tipp unten) herstellen. Dann zuerst eine dünne Schicht Aspik in die Terrinenform geben, erkalten lassen, dann eine Schicht Tafelspitz, dann ein Schicht Aspik darübergeben, dass das Fleisch gerade knapp bedeckt ist, dann eine Schicht Karotten, eine Schicht Aspik, eine Schicht Essiggurken, eine Schicht Fleisch, eine Schicht Zwiebeln, den Schnittlauch ganz darauflegen, dann eine Schicht Fleisch, – eine Schicht Karotten etc. etc., immer wieder zwischen jede Schicht Aspik gießen. Die Gestaltung der Terrine bleibt Ihnen überlassen. Am Schluss eine Schicht Tafelspitz und mit Aspik beenden. Nun die Terrine im Kühlschrank während mindestens 4–5 Stunden erkalten lassen.

Lanig-Tipp

Aspikpulver statt Blattgelatine ist viel einfacher zu handhaben und garantiert die perfekte Herstellung von Sülzen, Torten und Süßspeisen. Aspikpulver gibt es fertig zu kaufen. Nehmen Sie bei der Mischung Flüssigkeit und Aspikpulver ruhig etwas mehr Pulver, der Aspik wird dann steifer. Auf 1 Liter Flüssigkeit 30 g Aspik für eine weiche, 40 g für eine schnittfeste und 50 g für eine stärkere Gelierung und besonders steifen Aspik und im Sommer nehmen. Das Aspikpulver in eine Hälfte der Flüssigkeit geben, gut umrühren und 10 Minuten quellen lassen. Die andere Hälfte zum Kochen bringen und unter Rühren in das gequollene Aspikpulver gießen. Nicht mehr kochen. Für die Flüssigkeit entsprechend dem jeweiligen Gericht Gewürze, Zucker, Salz, Wein, Brühe etc. zugeben.

Scampi im Strudelsack

Für 4 Personen

Zutaten

Strudelteig oder Filoteig (gibt's fertig zu kaufen)
4 große Scampi
300 g Garnelen in Lake
3 EL Olivenöl
100 g Weißbrotscheiben ohne Rinde (von altem Weißbrot oder Semmel)
4 dl Milch oder Sahne zum Einweichen vom Brot
1 Eigelb
Meersalz und Pfeffer aus der Mühle

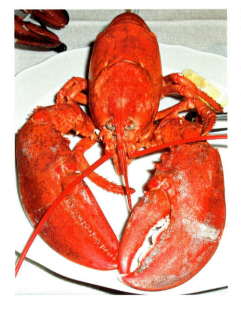

Zubereitung

Für die Füllung:
Das weiße Brot in eine Schüssel geben und mit der Sahne oder Milch übergießen, zudecken, evtl. einmal wenden. Sobald es weich ist, gut in einem Tüchlein ausdrücken. Die Garnelen ohne Lake pürieren. Das Weißbrot und das Eigelb dazugeben und würzen. Gut nochmals alles miteinander mischen.

Die Füllung (Farce) auf den quadratisch ausgelegten Teig geben. Eine Scampi mit dem Schwanz nach oben in die Mitte setzen, den Teig an den Scampischwanz andrücken, so dass das Endstück noch herausschaut. Strudel- bzw. Filosack zubinden oder zusammendrücken. Kurz in die Friteuse hineingeben, anfrittieren, sofort wieder rausnehmen und im Ofen bei 150 °C garen lassen. Mit einer Sauce nach Wahl servieren. Hübsch anrichten.

Lanig-Tipp Die attraktive Garnitur von zweierlei Saucen sollte im Voraus gemacht werden. Sie kann dann auf den Tellern im Kühlschrank kalt gestellt werden. Jeweils einen Tupfer auf den Teller geben und mit einem Holzstäbchen in die Länge ziehen. Mit der anderen Saucenfarbe in die Gegenrichtung darüberziehen. Anstelle von Scampi können Sie auch Babyhummer oder Hummerscheren nehmen.

Suppen, Suppen, Suppen …
Allgäuer Maultaschensuppe

Für 4 Personen

Zutaten
1 l Fleischbrühe

Für den Teig:
300 g Weizengrieß
3 Eier
1–2 EL Olivenöl
etwas Salz

Für die Füllung der Maultaschen:
4 EL Ricotta (Frischkäse)
1 EL gehackte Kräuter (Petersilie, Schnittlauch, Spinat)
1 Prise Salz
1 Prise Pfeffer

Zubereitung

Alle Teigzutaten mischen und gut mit dem Knethaken der Küchenmaschine oder von Hand durchkneten, bis ein glatter Teig entsteht. Den Teig zu einer Kugel formen und in einer Klarsichtfolie 2–3 Stunden ruhen lassen. Dann dünn ausrollen oder in die Nudelmaschine geben und dünn ausrollen. Die Maultaschen in der gewünschten Größe mit runden Förmchen ausstechen.

Für die Füllung alle Zutaten gut miteinander verrühren und mit einem Löffel in die Mitte des ausgestochenen Teiges geben. Ein zweites Teigrädchen darauflegen und rundum die Seiten gut andrücken. Die Maultaschen einzeln in einen Topf mit kochend heißem Wasser geben und sie kurz aufkochen lassen. Hitze runterdrehen. Wenn sie obenauf schwimmen, sie mit einer Schaumkelle rausnehmen und auf einen Suppenteller geben. Die kochend heiße Rinderbrühe darübergießen und servieren.

Lanig-Tipp Aus dem gleichen Teig können Sie auch Nudeln machen. Dann den Teig in Streifen schneiden.

Zwiebelsuppe, Allgäuer Graupensuppe, Meerrettichschaumsüppchen, Maronen-Cappuccino

Kürbis-Crèmesuppe mit frischem Ingwer

Für 4 Personen

Zutaten

300 g Kürbis, in etwa 2 cm große Würfel geschnitten
300 g Karotten, klein gewürfelt
1 Apfel, klein gewürfelt
1 EL Olivenöl
1 Zwiebel, klein gewürfelt
9 dl Gemüsebrühe oder Wasser
1 dl Weißwein
Saft von 2 Orangen
1 dl Sahne
1/2 dl Crème fraîche
1 kleines Stück Ingwer, geschält und gewürfelt
Salz und Pfeffer
2 cl Calvados

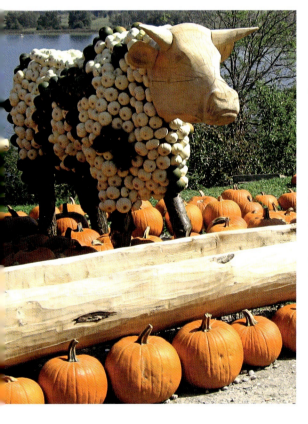

Zubereitung

Zwiebeln, Kürbis, Karotten, Äpfel und Ingwer im Olivenöl andünsten. Mit dem Weißwein, dem Orangensaft und der Gemüsebrühe ablöschen, aufkochen lassen und bei kleiner Hitze circa 30 Minuten weich garen. Pürieren mit dem Pürierstab oder Mixer. Etwas Salz und Pfeffer dazugeben und die Sahne einrühren. Weitere 5 bis 7 Minuten köcheln lassen. Die Crème fraîche darunterziehen und in ausgehöhlte Kürbisse oder in Suppenschüsseln geben. Vor dem Anrichten den Calvados dazugeben.

Lanig-Tipp Praktisch alle Kürbisse eignen sich für Suppen. Wir nehmen Gartenkürbisse, die wir schälen, entkernen und das Fruchtfleisch klein würfeln. Die Kerne können geröstet, mit Schokolade überzogen weiterverwendet und gegessen werden. Die Crème fraîche kann auch als Garnitur auf die Suppe gegeben werden und darauf geröstete Kürbiskerne. Die Ingwerwurzel eignet sich auch zum Tiefkühlen und kann dann mit der Rohkost-Reibe direkt in die Suppe gegeben werden. Wir machen aus Kürbissen auch Chutneys, Kompott, Konfitüren und Kürbisgerichte.

Riesen-Ravioli mit Füllung aus Steinpilzen, Hackfleisch, Fleischbrät und Mangold

Für 6 Personen

Zutaten

Pastateig: Rezept Seite 223

Für die Füllung:
150 g Steinpilze, kurz in Öl angebraten und klein geschnitten
150 g Hackfleisch vom Kalb
100 g Kalbsbrät
200 g Mangoldblätter ohne Stiele
150 g Petersilie, flachblättrig
3 EL frisch geriebener Parmesan
100 ml Kalbsfond
2 Eier
1 Brötchen vom Vortag
Salz, Pfeffer aus der Mühle

Zum Anrichten:
50 g zerlassene Butter
Für die Garnitur: Pilze, Rucolablätter und Cherrytomaten

Zubereitung

Den Pastateig nudeldünn auswalzen, circa 1 mm dick. In circa Dessertteller große Scheiben schneiden, zwei Scheiben für eine Ravioli auf eine leicht bemehlte Fläche legen. Der Ravioliteig kann auch mit einem Teigrädchen abgeschnitten werden.

Mangoldblätter waschen, in kochendem Salzwasser etwa 3 Minuten blanchieren. Kalt abbrausen und abtropfen lassen, gut ausdrücken und fein hacken. In eine Schüssel geben. Die Semmel in dem Kalbsfond einweichen. Hackfleisch, Kalbsbrät und die Steinpilze in die Schüssel geben. 2 Eier, das eingeweichte Brötchen und 3 EL Parmesan mit einem Holzlöffel gründlich untermengen. Mit Salz und Pfeffer würzen. Mit einem Esslöffel auf die Mitte des Rades die Füllung geben. Den Teig rund um das Häufchen mit verklopftem Eiweiß bepinseln. Die leere zweite Teighälfte locker, vorsichtig darüberlegen, dabei etwas ausziehen und die Ränder von Hand andrücken. Der Teigrand sollte nicht zu dick sein. Auf einem bemehlten Tuch ausbreiten und kurz antrocknen lassen.

3 l Salzwasser aufkochen. Die Riesenravioli vorsichtig in das sprudelnde Wasser geben. Nach dem Aufwallen 3–4 Minuten ziehen lassen. Mit einem großen Schaumlöffel das Ravioli vorsichtig aus dem Wasser nehmen, gut abtropfen lassen und auf einem vorgewärmten Teller anrichten. Die Butter in einer Pfanne zerlassen, nach Belieben salzen und darübergießen. Die Garnitur nach Belieben darauf verteilen.

Lanig-Tipp Nach dem gleichen Rezept können Sie auch kleine Ravioli oder Panzerotti machen. Sie können die Form beliebig ändern. Als Füllung eignen sich auch Quark, Spinat und Parmesankäse.

Risotto auf verschiedene Arten

Für 4 Personen

Zutaten

200 g Reis (Arboreo, Vialone oder Carnaroli)
3 EL Olivenöl
1 Zwiebel, fein gehackt
6 dl Geflügel- oder Fleischbrühe, warm bis heiß
1 dl Weißwein oder Sekt, kann auch weggelassen werden
Salz, Pfeffer
50 g Parmesan, gerieben
30 g Butter

Zubereitung

Den Reis zusammen mit den Zwiebeln in der Pfanne im Olivenöl dünsten, bis sie leicht glasig sind. Achtung, die Zwiebeln dürfen nicht braun werden. Mit Weißwein oder Sekt ablöschen, eindampfen lassen und mit so viel heißer Brühe ablöschen, dass der Reis gerade davon bedeckt ist. Einkochen lassen. Er muss stets gerührt werden. Wieder mit Brühe bedecken, wieder einkochen lassen, immer rühren und so fortfahren, bis der Reis noch körnig und knapp weich ist. Er muss immer mit Brühe bedeckt sein. Der Reis muss Biss haben, nicht zu weich und nicht zu hart sein und drum herum darf es ruhig genug dicke, sämige Flüssigkeit haben, circa 20 Minuten, je nach Reissorte. Den Käse, die Sahne und die frische Butter darunterziehen und anrichten.

Lanig-Tipp Risotto kann auf viele Arten gemacht werden. Die gängigsten: **À la Milanaise**: kurz vor dem Anrichten 20–40 g frische Butter und 2–4 Messerspitzen Safran sorgfältig unter den Reis mischen. Der Reis wird dann gelb. **Curryreis:** Nach dem Ablöschen mit dem Gewürz so viel Currypulver beigeben (2–3 EL), bis der Reis pikant schmeckt. Mit etwas Rahm verfeinern. **Risotto con funghi (mit Pilzen):** Mit den Zwiebeln 1/4–1/2 kg klein geschnittene Pilze durchdünsten, auch evtl. gedörrte, kurz eingeweichte verwenden (50–60 g). **Risotto mit Scampi:** Die frischen Scampi mit den Zwiebeln zum Reis geben. Bereits gekochte Scampi kurz vor dem Servieren zusammen mit etwas Sahne darunterziehen. Als Garnitur eine Scampi mit Schale nehmen. **Gemüserisotto:** Je nach Gemüseart, wie lange sie zum Garwerden braucht, schon zum Andünsten oder erst nach und nach dazugeben und separat in etwas Öl andünsten. Anstelle von Rinderbrühe Gemüsebrühe dazugeben. **Spargelrisotto:** Die Spargeln zurüsten, grüne Spargeln nicht schälen und kurz in Spargelwasser vorkochen, bis sie knapp weich sind, beiseite stellen. Die Spargelflüssigkeit mit Brühe auf 6 dl ergänzen. Den Risotto wie oben zubereiten und am Schluss die Spargeln sorgfältig beimischen. Einige Spargelspitzen als Dekoration oben drauflegen. **Risotto nach Mailänder Art:** Der Reis muss immer wieder mit der heißen Brühe übergossen werden. **Risotto nach Sizilianer Art:** Genau das Gegenteil, die ganze Brühe kommt auf einmal in den Topf und der Reis wird nicht mehr gerührt.

Mit Quark und Käse gefüllte Tomaten auf provençalische Art

Für 4 Personen **Zutaten**

8 große Tomaten
250 g Mozzarella
100 g Quark oder Ricotta
Parmesan- oder Roquefortkäse nach Belieben
Meersalz, Pfeffer aus der Mühle, Aromat

Zubereitung

Von den Tomaten den oberen Kopfteil abschneiden und diese aushöhlen. Mit etwas Aromat würzen. Den Mozzarella klein hacken und in einer Schüssel mit dem Ricotta gut durchmischen. Nach Geschmack mit etwas Meersalz und Pfeffer aus der Mühle würzen. Den Parmesankäse oder Roquefort hobeln oder dünn schneiden. Die ausgehöhlten Tomaten mit der Mozzarella-Quarkmischung füllen, den anderen Käse darüber verteilen und den Deckel drauflegen. In eine mit Olivenöl bestrichene Form legen und im auf 200 °C vorgeheizten Ofen circa 15 Minuten backen. Sie können diese gefüllten Tomaten auch roh und kalt, ohne im Ofen zu backen, essen.

Lanig-Tipp Sie können an Stelle von Tomaten auch Zucchini nehmen. Diese jedoch kurz im heißen Wasser blanchieren und dann erst aushöhlen und füllen. Hierbei die Zucchini in der Mitte durchschneiden, so dass Sie zwei Hälften haben. Den Parmesankäse erst kurz vor dem Garende darübergeben und nochmals circa 5 Minuten in den Ofen schieben zum Überbacken.

Tomatensorbet im Zucchinikorb

Für 4 Personen

Zutaten

4 runde Zucchini
500 g reife rote Tomaten
1 Sträußchen Basilikum
5 Sellerieblätter
1 Zitrone
1 dl Olivenöl
1 EL Zucker
1/2 TL Pfeffer
1 1/2 EL Salz

Zubereitung

Den Zucchini einen Deckel abschneiden und unten so schneiden, dass sie gut stehen. Das Gemüsefleisch innen mit einem Löffel rausnehmen. Die Zucchini circa 15 Minuten in gesalzenem Wasser kochen, den Deckel etwas kürzer. Die Tomaten mit dem Basilikum, dem Öl, dem Sellerie, dem Zucker, dem Salz und Pfeffer mischen und im Mixer pürieren. Durchsieben und in eine Sorbetière geben.

Die Zucchini salzen und zitronieren. Etwas Olivenöl in die Zucchini geben und im Kühlschrank kalt werden lassen, dass sie fest werden. Nun das Tomatensorbet hineinfüllen, auf den Teller geben und hübsch ausgarnieren. Zum Beispiel mit grobem Salz, einem Sträußchen oder Blume und servieren.

Lanig-Tipp Es gibt die runden Zucchini auch in grün und gelb, zur Kürbiszeit können Sie auch Kürbisse nehmen. Oder an Stelle von frischen Tomaten Tomatensaft nehmen.

Enziansorbet als Zwischengang

Für 6–8 Personen **Zutaten**

3 dl Wasser
200 g Zucker
7 dl Weißwein
circa 8 cl Enzian

Zubereitung

Wasser mit dem Zucker zusammen aufkochen. Den Weißwein und Enzian dazugeben. Alles in eine Schüssel geben und in den Tiefkühler stellen. Immer wieder mit dem Schneebesen durchrühren, bis eine feste Masse entstanden ist. Das Sorbet in die vorbereiteten Gläser füllen.

Lanig-Tipp Wer den Enzianschnaps nicht mag, kann anstelle von Enzian auch Grappa oder Williams nehmen.

Zanderfilet mit Haut in der Schwanfolie mit Gemüse

Für 4 Personen

Zutaten

400 g Zanderfilet mit Haut, in 100-g-Stücke geschnitten
1/2 Staudensellerie
1 kleine Zwiebel
2 1/4 Fenchel
160 g Butter, in 4 Teilen
4 dl Weißwein
Salz, Pfeffer, Dill
Cherrytomaten
Olivenöl
Alufolie

Zubereitung

Aus der Alufolie einen Schwan formen, oben noch offen lassen. Das Gemüse klein schneiden, würfeln und auf den Boden der Schwanfolie geben. Das Zanderfilet darauflegen, je 40 g Butterflocken darauf verteilen. 1 dl Weißwein pro Filet darübergießen und mit Salz, Pfeffer und etwas Dill würzen. Die Alufolie einschlagen, gut verschließen und bei 80 °C circa 25 Minuten im Ofen garen lassen. In der Zwischenzeit die Cherrytomaten in wenig Olivenöl kurz schwenken, abschmecken und auf den Teller geben. Darauf den Schwan geben und erst am Tisch dann die Folie öffnen.

Lanig-Tipp Das Fischfilet kann auch nur auf eine einfache Alufolie gelegt werden, die dann an den Enden verschlossen wird. An Stelle von Zander können Sie auch eine andere Fischart wie Forelle, Felchen etc. nehmen. Es müssen auch nicht immer Filets sein, nur dauert die Garzeit bei einem ganzen Fisch etwas länger.

Bauernhof-Perlhuhn mit Koriander

Für 4 Personen

Zutaten

1 Perlhuhn, halbiert
6 Karotten
4 Blumenkohlröschen
2 kl Artischocken
1/4 Sellerie
1 Fenchel
800 g junges Gemüse
1/2 Sträußchen frischen Koriander
4 dl Weißwein
7 dl Vinaigrette
3 dl Olivenöl
1,5 dl Weißwein-Essig
1 dl Orangensaft
2 Prisen Zucker
Salz

Zubereitung

Den Koriander entblättern und waschen. Die Perlhuhnhälften in einen Kochtopf geben, mit dem Wein und dem Wasser knapp bedecken. Die Hälfte der Korianderblätter dazugeben, alles leicht salzen und zum Kochen bringen. Dann 6 Minuten köcheln lassen. Die Perlhuhnhälften mit einem Schaumlöffel rausnehmen, abtropfen lassen und auf die Seite stellen.

Die Karotten, den Blumenkohl, die Artischocken, den Sellerie und den Fenchel waschen und rüsten, klein schneiden und der Perlhuhnbrühe beifügen. Circa 20 Minuten einreduzieren lassen. Dann alles mixen und absieben. Mit Essig, Öl, Orangensaft und dem Rest des Korianders mixen und den Zucker und das Salz beimischen. Das Perlhuhn zerteilen in Rücken, Flügel und Schenkel. In Scheiben schneiden und auf einem vorgewärmten Teller anrichten. Die Sauce darübergießen und mit dem jungen gekochten Gemüse servieren.

Lanig-Tipp
Sie können das Perlhuhn auch von allen Seiten anbraten und auf einem Gitterrost im 170°C heißen Ofen fertig braten. Mit Alufolie bedeckt circa 20 Minuten ruhen lassen. Das Bratfett in der Saftpfanne abgießen. Die Pfanne anschließend erhitzen, um den Bratensatz noch etwas einzureduzieren. Mit konzentriertem Perlhuhnjus oder Bratenjus ablöschen und auf die gewünschte Konsistenz einreduzieren lassen, abschmecken.

Lammrücken mit Kräutern im Heubett

Für 4 Personen

Zutaten

- 1 kg Lammrücken am Stück oder 2 Lammrücken mit je 6–8 Knochen
- Frisch getrocknetes Heu
- 2 dl Rinderbrühe
- Salz, Pfeffer
- 2 Knoblauchzehen, fein gehackt
- 1 TL Lavendelblüten, gehackt
- 1 EL Thymianblätter, gehackt
- 1 EL Majoran, gehackt
- 2 EL Olivenöl
- 2 dl Kalbsjus

Zubereitung

Den Lammrücken einen Tag vorher mit Olivenöl und der Hälfte der Gewürze marinieren. Den Bräter (z. B. le Creuset) mit dem Heu auslegen und das restliche Gewürz darauf verstreuen. Mit der Rinderbrühe aufgießen und erhitzen. Den Lammrücken mit Pfeffer, Salz und Thymian würzen und von beiden Seiten in heißem Olivenöl anbraten. Auf das Heu im Bräter legen und zugedeckt circa 20 Minuten im auf 220 °C vorgeheizten Ofen garen lassen. Wer das Fleisch noch stark rosa möchte, 10 Minuten bei 250 °C. Dann aus dem Ofen nehmen und noch circa 15 Minuten ruhen lassen.

Lanig-Tipp Wenn Sie den Deckel des Bräters erst vor den Gästen öffnen, entströmt der ganze Duft des Heus, der Gewürze und des Lamms. Sie können auch nur ein Gewürz, z. B. Thymian, verwenden. Dazu passt ein Kartoffelgratin (Seite 148) und Gemüse wie Bohnen. Tipp: Thymianzweige sind auch unersetzlicher Bestandteil eines Kräutersträußchen, welches nach dem Kochen wieder entfernt wird. Das warme Aroma des Thymians verbindet die intensive Würze des Lorbeerblattes mit der eher milden Frische der Petersilie zu einem harmonischen Ganzen.

Rindsfilet in der Kräuterkruste auf Saucenspiegel

Für 4 Personen

Zutaten

- 1 Rindsfilet oder 4 Stück Rindsfilet à 150 g
- 250 g Blätterteig, schon fertig ausgewalzt
- Je ein Sträußchen Majoran, Minze, Rosmarin, Bohnenkraut
- Für die Sauce:
- 20 g frischen Koriander
- 20 g Petersilie
- 1 Anisstern
- 1 Eigelb
- 1 TL Mondamin
- 25 dl Brühe (Rind oder Gemüse)
- 25 dl Rotwein
- Salz und Pfeffer

Zubereitung

Legen Sie die fein gehackten Kräuter, ohne den Koriander, der für die Sauce bestimmt ist, in die Mitte des ausgewalzten Teiges. Wenn Sie 4 Portionen machen, dann den Teig in vier Teile schneiden. Das Filet salzen und pfeffern, in heißem Olivenöl von allen Seiten scharf anbraten. Abkühlen lassen. In die Mitte der Kräuter legen und darin wälzen, so dass die Kräuter kleben bleiben. Das Fleisch in den Teig einpacken. Nach Belieben Formen aus dem restlichen Teig ausstechen und darauflegen. Mit dem Eigelb den Teig bestreichen und bei 250 °C 5 Minuten im Backofen anbacken und je nach Größe des Filets circa 20–25 Minuten (Kerntemperatur 49 °C) backen. Rausnehmen und nachziehen lassen.

Für die Sauce: In einem Kochtopf Brühe, Rotwein und Koriander bis zur Hälfte einreduzieren lassen. In die kochende Sauce den Rest der Kräuter geben und 7 Minuten bei geschlossenem Deckel ziehen lassen. Das Mondamin mit 1 Suppenlöffel Wasser mischen und unter die Sauce ziehen. Die Filets in 4 Teile schneiden, die Sauce auf den Teller geben und die Filets darauf anrichten.

Lanig-Tipp Dazu passt eine Rotweinsauce (Rezept Seite 223) oder eine Waldbeerensauce.

Kartoffelgratin
Gratin dauphinois

Für 4 Personen

Zutaten

Für Gratin dauphinois:
1 kg Kartoffeln, roh, geschält
350 ml kalte Milch
250 ml flüssige Sahne
Salz, Pfeffer, Muskat
60 g Butterflocken
2 gepresste Knoblauchzehen

Für Omas Kartoffelgratin:
1 kg Kartoffeln, roh, geschält
2 l Milch
8 Suppenlöffel Crème fraîche
3 Knoblauchzehen
60 g Gruyère oder Bergkäse, gerieben
200 g Butter
50 cl Gemüsebouillon
150 g Mehl
1/2 TL grobes Meersalz
Salz und Pfeffer

Zubereitung

Gratin dauphinois:
Kartoffeln in feine Scheiben von circa 8 mm Dicke schneiden. Zusammen mit der kalten Milch, der Sahne und den Gewürzen in einen großen Topf geben und auf den Herd setzen. Erhitzen, aber nicht kochen lassen. Dann sofort in eine feuerfeste ausgebutterte Form füllen und im Ofen bei 180 °C garen. Dauer circa 40–50 Minuten.
Geben Sie ein paar Butterflöckchen darüber, das verfeinert das Gratin.

Nach Omas Art:
Die Kartoffeln schälen und in circa 4 mm große Scheiben schneiden. Den Knoblauch fein hacken. Die Kartoffeln beifügen, salzen und pfeffern. Mit der Milch bespritzen und circa 20 Minuten köcheln lassen. Die Kartoffeln müssen weich sein. In Formen füllen, mit dem Käse bestreuen. Mit der Crème fraîche bedecken und circa 10 Minuten in den auf 220 °C vorgeheizten Ofen schieben.

Lanig-Tipp Die Heimat des Gratins ist die Dauphiné, zwischen den schneebedeckten Bergen Savoyens und den Lavendelfeldern der Provence liegend. „Le vrai gratin dauphinois – jamais du fromage", sagte einst im Dauphiné eine bekannte Köchin zu mir. Dieses Kartoffelgratin ist die Schlichtheit selbst: kein Käse, keine Zwiebel, nur Kartoffeln, Butter, Milch und Sahne. Eventuell ein Hauch Knoblauch.

Prime Rib
vom Allgäuer Weideochsen

Für 4 Personen

Zutaten

1 Stück Hochrippe (Rumpsteak) vom Allgäuer Weideochsen oder einem anderen Hochlandrind
Salz, Pfeffer
Senf (ideal Dijon scharf)
Olivenöl
4 Kartoffeln, in Alufolie eingewickelt
Kräuterquark oder Crème fraîche

Zubereitung

Das Fleisch von allen Seiten gut salzen und pfeffern und mit Senf gut einreiben. Öl in die Bratpfanne geben und die Hochrippe von allen Seiten gut anbraten, so dass eine schöne Kruste entsteht. In den auf 180 °C vorgewärmten Backofen geben, nach 45 Minuten Hitze runterdrehen auf 80 °C und je nach Größe 1–2 Stunden (Kerntemperatur 52 °C) garen lassen. Nun das Fleisch auf einen Bräter legen und im auf 160 °C vorgeheizten Ofen fertig braten.

Die Kartoffeln in Folie packen und auch im Ofen gar werden lassen (circa 1 Stunde).
Das Fleischstück herausnehmen, mit Alufolie bedecken und noch circa 10 Minuten ruhen lassen. In Scheiben schneiden und mit der Kartoffel, die in der Mitte übers Kreuz aufgeschnitten wird, und dem Kräuterquark servieren. Dazu eine Sauce nach Belieben (Rotweinsauce Seite 223).

Lanig-Tipp Für den Kräuterquark: 250 g Quark, Salz und Pfeffer, Blattpetersilie gehackt, Schnittlauch gehackt, fein gehackte Kräuter nach Belieben, etwas Sahne oder Crème fraîche, notfalls Milch; alles zusammenmischen. Sie können das Fleisch auch auf einem Holzkohlengrill zubereiten. Zuerst bei starker Glut anbraten, dann den Rost höher setzen und das Fleisch fertig grillen. Mindestens 20 Minuten in Alufolie ruhen lassen, bevor Sie es anschneiden.

Spanferkelrücken mit Kartoffelstrudel und Wirsing

Für 4–6 Personen

Zutaten

1 Spanferkelrücken mit Schwarte
Salz und Pfeffer
Senf, Honig, Senfkörner
2 EL Fett zum Anbraten
1/2 l dunkles Bier, Starkbier oder Bockbier
etwas Bratenpulver

Zubereitung

Die Knochenenden schön abparieren und diese Teile für die Sauce verwenden. Die Schwarte im Rautenmuster mit einem scharfen Messer einschneiden. Mit Salz und Pfeffer kräftig würzen, mit Senf und Honig einreiben. In heißem Fett in einer Bratpfanne leicht anbraten. Die Haut sollte goldbraun sein.

Den Spanferkelrücken in eine Schmorpfanne oder ofenfeste Form legen, mit etwas Bier begießen und in den auf 180°C vorgeheizten Backofen geben. Ab und zu mit dem Bierfond übergießen. Nach circa 1/2 bis 3/4 Stunde (Kerntemperatur 58°C) noch circa 3–5 Minuten bei maximaler Oberhitze oder Grill bräunen lassen. Den Rücken aus dem Ofen nehmen und entlang den Kotelettes schneiden und anrichten.

Für die Sauce in der Zwischenzeit die abparierten Fleischteile in der gleichen Bratpfanne in etwas Fett anbraten, mit dem dunklen Bier ablöschen und alles etwas einreduzieren lassen. Etwas Bratenpulver und die Senfkörner dazugeben, alles durchmischen und zu den Kotelettes geben.

Lanig-Tipp Auf die gleiche Art und Weise können Sie auch einen Lammrücken braten.

Frische Felchen
im Ofen auf Gemüse gebraten

Für 4 Personen **Zutaten**

2 Stk. Bodenseefelchen, ganz, geschuppt
1 Zwiebel
2 Tomaten
2 Kartoffeln, geschält
1 Fenchelknolle
2 dl Weißwein
Olivenöl
Salz und Pfeffer zum Würzen

Zubereitung

Kartoffeln, Zwiebeln, Tomaten und Fenchel vierteln und in eine gefettete Bratform geben. Würzen und mit der Hälfte des Weißweines übergießen und bei circa 150 °C 20 Minuten im Ofen anbacken. Die gewaschenen Felchen trocken tupfen und mit Salz und Pfeffer würzen. Die Felchen auf das Gemüse legen und mit etwas Olivenöl übergießen. Alles nochmals 30 Minuten in den Ofen und bei 180 °C garen. Nach circa 10 Minuten mit dem Rest des Weißweines übergießen.

Lanig-Tipp An Stelle von Felchen können Sie auch einen Meerfisch wie Dorade oder Loup de Mer nehmen (die Garzeit ändert sich dann). Und an Gemüse z. B. Karotten, Zucchini, weiße Zwiebeln. Den Fisch nur mit Salz würzen. In Frankreich wird der Loup de Mer (Wolfsbarsch) als berühmtes Gericht mit Fenchelsamen gewürzt. Schmeckt ganz vorzüglich.

Spanische Paella Royale mit Meeresfrüchten

Für 8 Personen

Zutaten

je 8 Riesengarnelen und Kaisergranaten
je 200 g in kaltem Wasser gewaschene Miesmuscheln, Vongole, Tintenfischringe und Minisepiolen
3 dl Olivenöl
3 Knoblauchzehen, geschält und gehackt
100 g Frühlingszwiebeln, in feine Scheiben geschnitten
100 g grüne Erbsen
je 100 g rote und grüne Paprika, in feine Streifen geschnitten
1 kg Paellareis (Senia od. Bahia) oder Risottoreis
2 – 3 l Fischfond oder Brühe
2 – 3 TL Safranfäden
2 unbehandelte Zitronen, in Achtel geschnitten
Eine Paellapfanne mit mindestens 50 cm Durchmesser

Zubereitung

Ein Drittel des Olivenöls in der Paellapfanne erhitzen. Der Reihe nach einzeln die Kaisergranaten, die Riesengarnelen, die Tintenfischringe, die Minisepie, die Garnelen und die Muscheln anbraten und an den Pfannenrand schieben. Anschließend die Meeresfrüchte aus der Pfanne nehmen. Das restliche Olivenöl in die Pfanne geben, den Knoblauch, die Frühlingszwiebeln und das Gemüse reingeben und kurz anziehen lassen. Den Reis hinzufügen, alles kurz anrösten und mit der Hälfte des Fischfonds ablöschen. Das Ganze 10 Minuten köcheln lassen. Dann die Safranfäden und den Rest des Fischfonds hinzufügen und bei mittlerer Hitze köcheln lassen, damit die Flüssigkeit verdampft und sich am Boden und am Rand der Pfanne eine leichte Kruste bilden kann. Eventuell noch zusätzlich etwas Brühe oder Wasser dazugeben. Zum Schluss die Mee-

resfrüchte vorsichtig zum Reis geben, so dass die Kruste nicht verletzt wird. (Für den Spanier das Beste an der Paella). Die Paella noch 10 Minuten durchziehen lassen und vor dem Servieren die Zitronenstücke darauf verteilen.

Lanig-Tipp

Stilecht serviert man die Paella, indem man die Pfanne auf den Esstisch stellt und alle mit einem Löffel direkt aus der Pfanne essen. Traditionell wird die Paella in Spanien auf einem offenen Feuer zubereitet, mit sehr heißer Glut am Anfang und abnehmender Hitze während des Garens. Sie können aber die Paella auch auf einer Gasflamme oder einer großen Herdplatte kochen. Die echte spanische Paella hat ihren Ursprung in Valencia, man geht Paella essen „Andar de paella". Die Ur-Paella ist eine einfache Reispfanne, „Arroz" genannt. Ein Reisgericht für jeden Tag, von den Landarbeitern mit den einfachsten Zutaten auf offenem Feuer zubereitet. Bei den Valencianos ist es reine Männersache. Heute sind beim Paellakochen keine Grenzen gesetzt. Von Gemüse, Fleisch, Fisch, Meeresfrüchte bis Leber und Blutwürste kann alles verwendet werden. Lassen Sie Ihrer Fantasie freien Lauf!

Tournedos vom Grill auf jungen Sommergemüsen

Für 4 Personen **Zutaten**
800 g Rindsfilet
4 Speckscheiben
Salz und Pfeffer aus der Mühle
Sommergemüse nach Wahl

Zubereitung

Das Rindsfilet in circa 200 g große Stücke schneiden. Die Filetstücke mit je einer Speckscheibe ummanteln und mit einem Kochfaden binden. Von beiden Seiten gut würzen. Von beiden Seiten etwa 8 Minuten grillen oder in der Grillpfanne anbraten. Den Backofen auf 80 °C erhitzen und die Filets in den Ofen legen, je nachdem, wie lange man es gebraten wünscht.

Bleu: Das Fleisch wird bei starker Hitze scharf angebraten. Das Fleisch soll innen rot und im Kern noch kalt sein. Man erkennt es durch Fingerdruck. Je mehr ein Fleisch durchgebraten ist, umso fester fühlt es sich an. Will man es „bleu" haben, muss es noch weich sein. Der Fleischsaft ist dunkelrot.

Saignant: Bei etwas weniger Hitze, dafür länger anbraten. Das Fleisch ist innen noch rot, doch heiß, der Saft mittelrot. Die Höhe des Steaks spielt eine wichtigere Rolle als seine Größe.

A point: Es wird noch ein bisschen länger und mit noch etwas weniger Hitze gebraten. Wenn man mit dem Finger auf das Fleisch drückt, soll der austretende Saft hellrot sein.

Durchgebraten: Durchgebratenes Fleisch ist meist hart und zäh.

In der Zwischenzeit die Sommergemüse in leichtem Salzwasser kurz blanchieren und in etwas Butter in der Pfanne wenden. Auf die Teller geben und das Filet darauf anrichten.

Lanig-Tipp Das Fleisch soll nicht aus dem Kühlschrank, sondern mit Zimmertemperatur in die Pfanne oder auf den Grill kommen. Das Steak muss nicht vom Filet stammen, es kann aus der Huft oder dem Hohrücken geschnitten sein. Und es muss nicht unbedingt vom Rind stammen. Kalbssteak schmeckt besonders gut aus dem Nierstück. Man brät es beidseitig bei mittlerer Hitze, so dass es innen noch relativ roh ist. Dann lässt man es bei 80 °C mindestens 40 Minuten im Ofen ruhen. Sie können die Filets auch mit einer Füllung wie z. B. Olivenpaste füllen.

Gebratene Gamskeule auf provençalische Art mit Rosmarin und Lavendel

Für 5 – 6 Personen

Zutaten

1 Gamskeule mit Knochen, circa 900 g
grobes Meersalz
schwarzer Pfeffer
7 EL Olivenöl
4 Knoblauchzehen
2 Zwiebeln
2,5 dl trockenen Rotwein
3 Zweige Rosmarin
frischen Lavendel
Rosmarin oder Lavendel zum Dekorieren

Zubereitung

Gamskeule salzen und pfeffern. 5 EL Olivenöl in einen Bräter geben, das Fleisch drauflegen, Knoblauchzehen und Zwiebeln ungeschält quer halbieren, dazulegen. Mit 1 dl Rotwein auffüllen und einen Rosmarinzweig und etwas Lavendel dazulegen.

Im vorgeheizten Backofen auf der 1. Einschubleiste bei 220 °C schmoren. Den Schlegel ab und zu mit dem Bratensud begießen. Nach 45 Minuten auf 180 °C runterschalten, den restlichen Wein und den 2. Rosmarinzweig dazugeben und noch 25 Minuten schmoren lassen.

Die Nadeln vom 3. Rosmarinzweig fein hacken und mit dem restlichen Olivenöl in einem Schüsselchen vermischen. Den Gamsschlegel aus dem Ofen nehmen, mit dieser Mischung einpinseln, circa 5 Minuten mit Alufolie zugedeckt ruhen lassen und anrichten.

Dazu schmecken vorzüglich das Kartoffelgratin (Rezept Seite 148), Butterbohnen oder ein Ratatouillegemüse (Seite 223).

Lanig-Tipp In der Provence wird als Gewürz Herbes de Provence, eine Mischung aus Lavendel, Rosmarin, Thymian, Salbei und Majoran, genommen. Schmeckt ganz vorzüglich. Rosmarin: Die ledrigen Blättchen des immergrünen Rosmarinstrauches sehen aus wie breite Nadeln. Sie sind wahre Multitalente, passt ihr kräftiges Aroma doch sowohl zu hellem wie dunklem Fleisch, Geflügel, Fisch, Gemüse, Zucchini, Auberginen, Kartoffeln und Hülsenfrüchten. Hervorragend ist dabei die Kombination von Knoblauch und Olivenöl. Da sich das ätherische Öl der Rosmarinnadeln beim Erhitzen besonders gut entfaltet, sollte man sie bereits zu Beginn der Zubereitung beifügen. Für Gerichte, in denen sie mitgegessen werden, sollte man sie fein hacken.

Gefüllte Gans
an Kirchweih und Weihnachten

Für 4 Personen

Zutaten

1 Gans, küchenfertig, etwa 4 – 5 kg
1 Apfel, in Würfelchen geschnitten
2 Orangen
1/4 Sellerie, in Würfelchen geschnitten
1 Zwiebel grob gehackt
1/2 Lauch, in Ringe geschnitten
1 EL Gänseschmalz oder Bratfett
Salz und Pfeffer

Für die Sauce:
1/2 Apfel
1/4 Sellerie
1/2 Lauch
1 Karotte
1 TL Rosmarin
1 EL Tomatenmark
1 EL Mehl
1/2 l Brühe
4 cl Grand Marnier
3 Orangen
1/4 Zitrone
1 Würfelzucker
50 g Butter

Zubereitung

Die Gans innen und außen gut abspülen. Hals und Flügel abschneiden und für die Sauce beiseite legen. Eventuell verbleibende Federteile rausziehen. Die Gans innen und außen mit Salz und Pfeffer einreiben und mit dem Gemüse füllen. In einem Bräter im auf 180 °C vorgeheizten Ofen circa 1 1/2 – 2 1/2 Stunden braten. Ab und zu mit dem Saft begießen, so alle 20 Minuten, so kann sie sicher nicht anbrennen. Die Temperatur auf 200 °C erhöhen und weitere 20 Minuten braten, so dass eine schöne braune knusprige Haut entsteht. Man rechnet für eine Gans mit einer Bratdauer von circa 3–4 Stunden. Die fertig gebratene Gans immer noch im geöffneten Ofenrohr ziehen lassen. Zum Anrichten die Gans teilen, dabei Keulen und Brust trennen. Brust in Scheiben schneiden.

In einer Bratpfanne im Schmalz oder Fett die Flügelteile und den Hals stark anbraten. Das Gemüse in kleine Würfelchen schneiden und dazugeben. Das Tomatenmark darunterrühren und mit Rosmarin, Salz und Pfeffer würzen. Mit Mehl bestäuben und mit der Brühe aufgießen. Bei kleinem Feuer circa 2 Stunden köcheln lassen. Beiseite stellen. Die Schalen von 2 Orangen hauchdünn abschälen, so dass vom bitteren Weißen nichts mitkommt. Die Schale in feine Streifen schneiden und 5 Minuten blanchieren. Abtropfen lassen, trocken tupfen und beiseite stellen. Die Orangenschalen und die einzelnen Filetschnitzchen aus der sie umgebenden Haut auslösen. Zum Garnieren verwenden. An der Schale der 3. Orange die 2 Stück Würfelzucker reiben, bis sie von den Ölen durchtränkt sind. Die Orange und Zitrone auspressen. Die Zuckerwürfel in eine Pfanne geben und leicht karamellisieren lassen. Den Essig hinzufügen und alles dick sirupartig einkochen lassen. Den Bratenfond durch ein feines Sieb in die Pfanne seihen und köcheln lassen, bis die Sauce leicht gebunden hat. Vom Feuer nehmen, die Schalenstreifchen, Orangen und Grand Marnier dazufügen und alles gut umrühren. Zum Schluss noch 50 g kalte Butter darunterziehen.

Roland mit Weihnachtsgans

Lanig-Tipp An Stelle von Orangen können auch Limonen genommen werden. Die Gans kann schon am Vortag gebraten werden. Sie darf jedoch nicht fertig braten, sondern muss nach 1 1/2 Stunden herausgenommen werden. Am Ess-Tag nochmals 1/2 Stunde in den auf 180 °C vorgeheizten Ofen geben. Die Gans kann auch mit Beifuß gefüllt werden.

Tischkultur

Tischkultur und Sternstunden

Unter dem weiß-blauen bayerischen Himmel auf der Terrasse oder unter dem Glasdach, mit Blick zu den Sternen, genüsslich tafeln. Aus weißem Leinen die Tischdecken, die wunderschön gefalteten Servietten, die schweren Vorhänge, passend zu dem weißen Mauerwerk. Als Kontrast dazu urige Steine von den Viehweiden, braune, sonnenverbrannte Holzbalken. Auf elegant weißen Tellern angerichtet die Gerichte, abwechselnd in den Formen, mal eckig, mal rund. Passend zur Jahreszeit und Menü-Thema die Blumenwahl und Tischdekoration. Bäuerlich eingedeckt die Tische mit kaminroten Tischdecken oder graugrünen Sets, passend zu dem Bodenbelag aus Andeer-Granit. Dazu passt das wunderschön geblumte Hutschenreuther-Geschirr. Als Platzteller mal Steinplatten, mal Zinnteller. Glitzernd die fein polierten Kristallgläser.

Rinde von Korkeichen gefüllt mit Weinkorken

LANIG-GRAPPA

Gastronomie auf hohem Niveau

Die Küchencrew zaubert mit Leidenschaft und Können täglich Köstlichkeiten für Auge und Gaumen.
Eine ehrliche Küche aus Frischprodukten ist das Motto. Und wir erfreuen uns immer wieder neuer Kreationen aus der Küche. Die feinen Kuchen und Desserts lassen die süßen Herzen höher schlagen. Die immer wieder neu und wunderschön eingedeckten Restaurants laden zum Genießen und die Seele baumeln lassen ein. Auch hier eine Mischung von bäuerlicher Gemütlichkeit und der Zeit angepasster Eleganz. Behaglichkeit und Wohlbefinden stehen im Mittelpunkt. Liebevolle Dekorationen umrahmen das Ganze noch. In luxuriöser Berghütten-Atmosphäre mit Ausblick auf die Berge tafeln, schlemmen, genießen und sich mit kulinarischen Köstlichkeiten verwöhnen lassen. „Den Geschmack kann man nicht am Mittelgut bilden, sondern nur am Allervorzüglichsten", sagte einst Goethe.

Abendstimmung am Iseler und Flutlicht auf den Pisten am Trainingszentrum Allgäu

Wintersport und Schneeparadiese – Spurensuche und Schneesicherheit

Es gibt ja nichts Schöneres als: Sonnenschein, Berge und Schnee. Skifahren, Snowboarden, Langlaufen, Winterwandern, Rodeln, alles in kristallklarer Bergluft. Glitzernder Pulverschnee, schneesichere Skigebiete, hohe Berge, einzigartige Natur, Beschneiungsanlagen, Eis und Heiß, Winterurlaub als Beautykur, Schneekristalle an den Fenstern, dies alles finden Sie bei uns. Und wenn draußen die Schneeflocken tanzen, wird's drinnen am Kaminfeuer so richtig gemütlich. Highlights, auf die die Allgäuer stolz sind: Neben der weltberühmten Vierschanzentournee, den Nordischen Skiweltmeisterschaften, der Alpinen Skiweltcups, der Freestyle- und Snowboard-Weltcups und Weltmeisterschaften, dem Skitrail-Marathon Allgäu–Tirol, neu das Alpine Trainingszentrum in Oberjoch am Iseler. Hoch hinauf geht's mit den modernen Vier- bis Sechser-Sesselliften, den Bergbahnen Fellhorn und Nebelhorn. Herrlich die gepflegten Pisten und Loipen. Überdurchschnittlich ist auch die Sonnenscheindauer im ganzen Oberallgäu.

Desserts

Früher: Früher galten als klassische Desserts, Nachspeisen in Deutschland, das Eis und der Obstsalat. Das Eis bestand aus je einer Kugel Vanille-, Erdbeer- und Schokoladeneis, dazu ein Tupfer Sahne. Der Obstsalat kam aus der 3-Liter-Dose. Später erst kamen Dessertvariationen vom Büfett mit verschiedenen Crèmes wie Erdbeercrème, Schokoladencrème, frischem Obst, Käse und mehreren Eissorten dazu. Als Desserts kamen Früchtegratin, Birne Helene, Pfirsich Melba usw. hinzu, mit viel Liebe beim Anrichten.

Heute: Die Dessertkreationen sind wahre Kunstwerke, sowohl für das Auge wie auch für den Gaumen. Die Omelette Surprise gilt als absoluter Renner und wird schon seit mehr als 30 Jahren von uns mit der gleichen Dessertshow präsentiert. Und bei Veranstaltungen, Geburtstagen etc. dementsprechend abgewandelt. Und die Musik spielt dazu … wie auf dem Traumschiff.

Wie auf dem Traumschiff: Die Omelette Surprise wird präsentiert.

Dessertvariationen mit Schokomuffins

Für circa 25 Stück

Zutaten

200 g dunkle Schokolade oder Kuvertüre, in circa 1 cm große Stücke geschnitten
300 g Butter
225 g Kristallzucker
170 g brauner Zucker
5 Eier
500 g Weizenmehl
15 g Backpulver
50 g Kakaopulver
360 ml Milch
1 Prise Salz
1 Päckchen Vanillezucker

Dessertvariationen mit Bayerisch Creme, Crème Brulée, Mousse au Chocolat und Rote Grütze, Rezepte Seiten 223/224

Zubereitung

Die Butter glatt rühren, die beiden Zuckersorten unterrühren und die Masse schlagen, bis sie eine lockere Konsistenz hat. Die Eier leicht mit dem Vanilleextrakt verrühren und nach und nach unter die Masse schlagen.

Das Mehl mit dem Backpulver, dem Kakaopulver und dem Salz zweimal sieben. Die Mehlmischung abwechselnd mit der Milch unter die Buttermasse ziehen.

Die Muffinförmchen zur Hälfte mit dem Teig füllen. Ein paar Schokoladenstücke darauflegen und mit einem Löffel Teig bedecken. Etwa 20 Minuten im auf 180 °C vorgeheizten Backofen backen, oder so lange, bis die Muffins aufgegangen sind und sich bei leichtem Druck elastisch anfühlen. Circa 5 Minuten abkühlen lassen und dann vorsichtig aus den Formen nehmen und auf einem Gitterrost ganz abkühlen lassen.

Lanig-Tipp
Sie können die Muffins mit Puderzucker bestreuen und auf einer Vanillesauce anrichten.

Karamellköpfli
Crème caramel – Flan

Für 4 Portionen **Zutaten**

Timbalformen
100 g Zucker zum Ausgießen der Form mit Karamell
4 Eier
60 g Zucker
5 dl Milch
1 Prise Salz
Zitronenschale, abgerieben

Zubereitung

Die Timbalformen leicht erwärmen und ein Wasserbad bereitstellen. Die 100 g Zucker ohne Wasser auf kleinerem Feuer schmelzen und bräunen. Sofort in die erwärmten Formen gießen und unter Drehen rasch darin herumfließen lassen, so, dass der Boden leicht davon überzogen ist.

Eier, Zucker und Salz zusammen verklopfen, Milch und die fein abgeriebene Zitronenschale damit vermischen. Diese Masse in die Timbalformen bis zu 3/4 Höhe einfüllen. Im zugedeckten Wasserbad auf dem Herd circa 50 Minuten ziehen lassen. Achtung, das Wasserbad darf nicht richtig kochen, da der Pudding sonst löchrig und käsig wird. Eventuell kaltes Wasser wenn nötig dazugießen. Als Garprobe eine Dressiernadel oder Hölzchen in die Mitte einstechen, es soll nichts mehr daran hängen bleiben. Die Formen in kaltem Wasser circa 1 Stunde abkühlen lassen. Unmittelbar vor dem Stürzen der Formen diese rasch heiß machen, damit sich der Karamell am Boden besser löst. (Dazu diese in kochendes Wasser stellen oder über eine Flamme halten.)

Lanig-Tipp Sie können den Boden der mit Karamell überzogenen Form zuerst mit einer Lage gekochter Früchte belegen, hübsch angeordnet.

Crêpe Suzette
Silvia Lanigs Lieblingsdessert

Für 4 Personen (ca. 12 Crêpes)

Zutaten

250 ml Milch
100 g Mehl
1–2 Eier, je nach Größe
25 g Butter, flüssig
7 g Öl
10 g Zucker
1 Prise Salz
Ideal ist es, wenn der Teig 2 Stunden im Kühlschrank ruhen kann.

Für die Sauce:
80 g Zucker
80 g Butter
6 Stück Würfelzucker, an einer Orangenschale abgerieben
4 dl Orangensaft, frisch gepresst
1 dl Cognac und Grand Marnier gemischt

Zubereitung

Mehl, Zucker und Salz gut vermischen, Milch und Sahne dazugeben und zu einem glatten Teig ohne Klumpen verrühren. Ei, Butter und die übrigen Zutaten darunterrühren. Ideal ist es, wenn der Teig 2 Stunden steht. Eine warme Crêpepfanne leicht buttern und darin nacheinander kleine, ganz dünne Crêpes goldgelb ausbacken. Etwa 3 EL Teig in eine beschichtete und mit Butter ausgepinselte Bratpfanne mit niedrigem Rand geben, gleichmäßig dünn auf dem Pfannenboden verteilen und sofort und sehr schnell durch Schwenken verteilen. Die Crêpe etwa 2 Minuten backen, bis sie an der Unterseite leicht gebräunt ist. Mit einem Pfannenwender umdrehen und kurz auf der anderen Seite braten (2–3 Crêpes pro Person). Beiseite stellen.

Den Zucker in einer Pfanne hell karamellisieren, die Butter hinzufügen und, bevor diese braun wird, den aromatisierten Würfelzucker, Orangensaft, Cognac und Grand Marnier zugeben. Die Pfannkuchen einzeln darin wenden und dann flambieren, das heißt anzünden. Auf Tellern anrichten und die Sauce darübergießen.

Das LANIG-Team bei der Fotosession: Von links nach rechts: Peter Lanig, Oli Brückner, Silvia Lanig, Roland Gahlert

Lanig-Tipp
Herrlich schmeckt dazu eine Kugel Vanilleeis. Dies ist ein Rezept, das, leicht abgewandelt, schon in früheren Zeiten zu den Highlights jedes Festessens gehörte. Ursprünglich eine Pariser Spezialität. Früher wurde noch am Tisch vom Kellner flambiert. Crêpes können auch ganz einfach aus 250 g Buchweizenmehl, 2 Eiern, Salz und 200 ml Milch hergestellt werden. Und sie lassen sich fast unendlich abwandeln.

Sushi von marinierten Trockenfrüchten mit Bananen-Milchshake und Milchreis

Für 4 Personen

Zutaten
2 Tomaten
4 getrocknete Aprikosen
4 getrocknete Feigen
100 g Risottoreis
1 halbe Banane
6 frische Litchis
1 Vanilleschote
30 g Zucker
flüssige Sahne
125 g schwarze Johannisbeeren frisch
1 Suppenlöffel Vanilleeis
1 Zitronenschale
1 Orangenschale

Für den Sirup:
1 l Wasser
100 g Zucker

Zubereitung

Den Reis im kochenden Wasser während 10 Minuten heiß werden lassen. Die Tomaten 10 Sekunden in kochendes Wasser geben, sie in eiskaltem Wasser abschrecken und die Haut abziehen. In Viertel schneiden, die Kerne mit einem Messer entfernen und die Tomaten mit einer Prise Zucker auf eine mit Olivenöl gefettete ofenfeste Form geben und im Ofen bei 90 °C circa 4 Stunden lassen, um kandierte Tomaten zu bekommen.

Den Reis abtropfen lassen und die Sahne, die ausgeschabte Vanilleschote und den Zucker beigeben. Alles gut köcheln lassen und zum Erkalten auf einen ziemlich flachen Teller geben.

Den Zucker und das Wasser in einen Topf geben, die Orangen- und Zitronenschalen dazugeben. Während gut 10 Minuten köcheln lassen und dann die Trockenfrüchte beigeben, damit sie aufquellen.

Mit unterschiedlich großen runden Ausstechern aus dem Reis die Formen ausstechen und das Gleiche mit den Früchten machen. Die Aprikosen und die Feigen in zwei Teile schneiden und auf die ausgestochenen Reisteile legen, ebenso die kandierten Tomaten. Die schwarzen Johannisbeeren pürieren und auf dem Teller verteilen. Die Banane, die Litchis und das Vanilleeis im Mixer mischen, um ein schönes Milchshake zu bekommen. In Liqueurgläser abfüllen. Mit Puderzucker den Tellerrand bestäuben und als Dekoration eine Vanillestange und ein Pfefferminzblatt draufstecken.

Lanig-Tipp Statt Risottoreis können Sie auch einen Milchreis nehmen und die ausgestochenen Sushis mit Früchten belegen. Es gibt auch fertigen Milchreis zu kaufen.

Geeiste Zitronencrème mit Himbeeren

Für 4 Personen

Zutaten

4 Löffelbiskuits, zerbröselt
80 ml Süßwein oder Marsala
4 Eier, getrennt
100 g Zucker
abgeriebene Schale von 3 Zitronen
500 ml Sahne
Puderzucker
frische Beeren (Himbeeren, Brombeeren, Heidelbeeren, Waldbeeren)
evtl. kandierte Zitrusschalen fein hacken

Zubereitung

Die Löffelbiskuitbrösel mit dem Wein tränken. Die Eigelbe mit dem Zucker verquirlen bis die Masse hell und dick ist, dann die geriebenen Zitrusschalen unterrühren. In einer zweiten Schüssel die Eiweiße steif schlagen, bis sie Spitzen ziehen, und vorsichtig unter die Eigelbmasse heben. Die Sahne schlagen und zusammen mit den Löffelbiskuits unter die Crème heben. Die Masse in Tassen oder Förmchen füllen und nicht länger als 1 Stunde gefrieren. Die Masse soll nicht hart werden. Die gehackten Zitrusschalen darüberstreuen, die frischen Beeren drauflegen und mit Puderzucker bestäuben.

Lanig-Tipp Sie können jede beliebige Crème entsprechend ihrem Geschmack nehmen oder auch nur verschiedene Eissorten.

Millefeuilles von frischen Erdbeeren mit Erdbeermousse

Für 4 Personen

Zutaten

Für die Hippenmasse:
300 g Zucker
8 g Marzipan-Rohmasse
Zimt, Salz
5 Eier
250 g Mehl
Puderzucker

Für das Erdbeermousse:
1 dl Sahne
500 g Erdbeeren
200 g Zucker
4–5 Eiweiße, zu Schnee geschlagen

Zubereitung

Hippenmasse:
Eier, Zucker, Marzipan, Zimt, Salz zu einer geschmeidigen Masse verarbeiten. Mehl dazugeben, circa 2 Stunden ruhen lassen. Auf ein leicht bemehltes Blech oder Backpapier mit einem Löffel circa 5 cm Durchmesser Plätzchen aufstreichen. Bei circa 180 °C backen bis sie goldgelb sind.

Erdbeermousse:
Beeren verlesen, die Hälfte davon mit einer Gabel leicht zerdrücken (die anderen Beeren sind für die Dekoration), mit dem Zucker vermischen, etwa 10 Minuten stehen lassen, im Mixer pürieren. Die Eiweiße halb steif schlagen, das Püree nach und nach beigeben und weiterschlagen, bis die Masse schaumig und dick ist. Die Sahne leicht schlagen und unter die Masse ziehen.

Die Masse in einen Spritzbeutel füllen und lagenweise auf das Hippengebäck spritzen, dann wieder eine Hippe, dann wieder Erdbeermousse, dann wieder Hippe. So hoch, wie Sie das Millefeuille wollen. Einen Teil der restlichen Erdbeeren halbieren und von außen auf die Hippen stellen und an die Mousse andrücken. Die anderen Erdbeeren dekorativ auf dem Teller mit eventuell noch einem aufgespritzten Mousse-Tupfer verteilen.

Lanig-Tipp Sie können an Stelle des Hippenteiges auch einen ganz dünn ausgerollten Blätterteig nehmen. Diesen von beiden Seiten in Zucker gut wälzen und im Ofen backen. Wichtig: Der Teig muss sehr dünn sein, sonst geht er zu stark auf.

Granité von Rosa Grapefruit
oder Pfirsich

Für 4 Personen **Zutaten**

7,5 dl Grapefruitsaft, frisch gepresst
1 dl Weißwein
150 g Zucker
Saft einer Zitrone
Grapefruit zum Garnieren
Puderzucker

Zubereitung

2 dl des Grapefruitsaftes mit dem Zucker aufkochen und mit dem Zitronensaft, dem Weißwein und dem restlichen Grapefruitsaft verrühren. Das Ganze in eine flache Schüssel geben, in den Tiefkühler stellen und von Zeit zu Zeit mit einem Schneebesen umrühren, bis sich Eiskristalle bilden.

Grapefruitchips:
Die Grapefruit mit der Schale halbieren und circa 2 Stunden tiefkühlen. Die gefrorene Frucht mit der Aufschnittmaschine in sehr dünne Scheiben schneiden, auf Backtrennpapier legen und leicht mit Puderzucker bestreuen. Anschließend die Grapefruitscheiben im Ofen bei 95°C circa 1 Stunde trocknen. Die Chips sind erst im kalten Zustand fest und knusprig.

Lanig-Tipp Die Granité in eisgekühlte Gläser, Schalen oder ausgehöhlte Grapefruitschalen füllen und mit den Grapefruitchips garnieren. An Stelle von Grapefruit können Sie auch Blutorangen nehmen. Wenn Sie die feste Konsistenz eines Granités oder Sorbets lange erhalten möchten, dann lohnt es sich, das Geschirr vor dem Servieren in der Gefriertruhe zu kühlen. Herrlich ist auch eine Pfirsichgranité von weißen Pfirsichen.

Apfelgelee mit Enzian und Beeren im Raureif

Für 4 Personen

Zutaten
9 Blatt Gelatine
50 g Zucker
110 ml Wasser
50 ml Enzianlikör

220 g geschälte, entkernte Äpfel
3 Hand voll Beerenobst der Saison (schwarze, weiße, rote Johannisbeeren, Himbeeren, Holunderbeeren, Erdbeeren, Brombeeren, Stachelbeeren)
1 Eiweiß
Zucker
Blätter zum Anrichten

Zubereitung

Die Blattgelatine in kaltem Wasser einweichen, gut ausdrücken und zusammen mit dem Zucker im Wasser auflösen. Zum Kochen bringen und 1 Minute kochen lassen. Den Enzianlikör und die geviertelten Äpfel dazugeben. Die Mischung in einer Kasserolle unter Zugabe von etwas Wasser sanft garen, bis die Äpfel weich sind (circa 30 Minuten) und ein Kompott entsteht. Ohne Gelatine das Kompott etwas mehr einkochen lassen. Das Eiweiß schaumig schlagen und die Beeren mit dem Eiweiß bepinseln und in dem Zucker wenden. Im Umluftofen 20 Minuten bei 70 °C trocknen lassen, bis sie wie mit Raureif bedeckt aussehen.

Das Apfelkompott und die Früchte auf den Blättern anrichten. Mit den anderen Beeren und Minzeblättern garnieren.

Lanig-Tipp Besonders hübsch schauen Blätter vom gelben Enzian aus. Wer den Enziangeschmack nicht mag, kann auch einen anderen Likör nehmen.

Weihnachtsplätzle und Lebkuchenherzen

Für 4 Personen

Zutaten

Für den Teig:
350 g Honig
450–500 g Mehl
70 g Zucker
70–100 g Mandeln
125 g Citronat und Orangeat
1 Zitrone abgerieben
5 g Zimt
1 Prise Nelkenpulver
2 EL Rosenwasser
1/2 EL Backpulver

Zum Garnieren:
geschälte Mandeln
rote kandierte Kirschen
weiße Spritzglasur

Zubereitung

Das Mehl in eine Schüssel sieben, die Gewürze, Zitronenschale und die gehackten Zutaten damit vermischen, in der Mitte eine Vertiefung machen. Honigmasse, Zucker sowie das mit dem Rosenwasser angerührte Backpulver ins Mehl einrühren und gut durchkneten. Eventuell 2–3 Tage stehen lassen. Den Teig 5–10 mm auswallen und mit den Formen beliebig ausstechen. Mit den geschälten Mandeln und den Kirschen garnieren und auf bebutterte, bemehlte Bleche legen und etwas stehen lassen (auch über Nacht). Bei Mittelhitze circa 20 Minuten backen. Nach dem Backen leicht mit Zuckerwasser bepinseln und nach Wunsch mit Spritzglasur Verzierungen aufspritzen.

Lanig-Tipp Wir stechen Löcher in die Lebkuchen und hängen sie an Stelle von Christbaumkugeln an den Weihnachtsbaum.

Weihnachtsplätzle *Rezepte Seiten 224/225*

Lifestyle und

Chaletromantik

Die Bergatmosphäre spiegelt sich in der Einrichtung wider. Die ganze Schönheit von Altholz, Stein und Stoffen wurde für die Ausstattung der Zimmer und Suiten verwendet und ergibt ein einzigartiges Ambiente. Wer hier wohnt, fühlt sich sofort zu Hause. Alles verbreitet private Atmosphäre und Gemütlichkeit.

Doppelstöckige Traumsuiten im rustikal eleganten Chaletstil, eigene Whirlpools, Kachelöfen oder offene Kamine, bequeme Sessel und Sofas, in denen man sich gerne niederlässt und wo man beim Rausschauen auf die Berge vor sich hin träumen kann. Granit- und Flusssteine an den Böden und Wänden der Bäder und Duschen. Urgemütliche Zimmer mit Balkonen und Terrassen, um sich von der Abendsonne verwöhnen zu lassen. Ledersessel, Lodenstoffe für die Sofas, Jutevorhänge und derbe handgemachte Bauernmöbel garantieren ein Wohnen im Stil wie in einem Bergchalet.

Kuhfelle, Waschbecken aus einem Granitblock gehauen, einheimische Antiquitäten, stilsicher designte Polstergruppen und Bilder vom berühmten Kunstmaler Kilian Lipp garantieren ein exklusives urgemütliches und alpenländisches Ambiente. Gemütliche Hüttenatmosphäre strahlt das Schlafzimmer mit Fenstern und Fensterläden zum Badezimmer aus, die den Durchblick zu den Bergen garantieren. Rote Geranien blühen in den Blumenkästen an den Hauswänden.

Das Interieur der Zimmer und Suiten hält sich diskret in Schokobraun, kombiniert mit sanftem Beige, Senf und Ziegelrot, um der verführerischen Aussicht auf die Berge nicht die Show zu stehlen.

Als Gast der luxuriösesten Suiten mit eigener Terrasse und Whirlpool relaxt man ganz für sich – in den Polstern der Sofas und Ledersessel. Stiller Luxus und Naturverbundenheit gehen hier Hand in Hand. Allgäu-typisch sind der Kachelofen mit der Bauerntisch-Eckbank und die „Gütsche". Eine typische Ruhebank, wo der Allgäuer seine „Siesta-Ruhe" hält. Von Pierre Frey, Paris stammen die wunderschönen gesteppten Bettüberzüge und Kissen mit Alpage-Motiven.

Unser Freund
Sylvain Etievant,
Küchenchef im „Grill" des weltberühmten Hotel de Paris, Monte Carlo, aus der Schule von Alain Ducasse, kochte für uns ein mediterranes Menu.

Menu

Sardine farcies à la «Niçoise»

∞

Scampi marinés, en salade de fruits de mer
Feuille d'estragon pour relever

∞

St pierre en filet grillé
Condiment goûteux de méditerranée

∞

Carré d'agneau frotté de thum & de romarin à la broche
Légumes des paysans cuisinés en cocotte

∞

Le Soufflé Grand Marnier du Grill

Sardine farcies à la „Niçoise"

Scampi marinés, en salade de fruits de mer

St. pierre en filet grillé

Carré d'agneau frotté de thum

Le Soufflé Grand Marnier

Alle Rezepte Seite 226

Sylvain Etievant kocht als Gastkoch im Hotel LANIG eine Bouillabaisse

Eine Fischsuppe nach provencialischer Art, wie die Fischer der Calanque sie zubereiten. Mit „poissons de roche" (Felsenfischen). Es braucht dazu ein Mixed von Meerfischen, „Rascasse" (ist obligatorisch), die schnell, nicht länger als 18 Minuten Kochdauer in einem aromatischen Fischsud mit etwas Tomaten und Safran gekocht (bouil - abaisse = Bouillabaisse) werden. Die Suppe wird mit Brotcroûtons, mit „Rouille" und Kartoffeln gegessen.

Bouillabaisse
à la marseillaise

Zutaten für 6 Personen:
1 rascasse (Drachenkopf)
1 kleiner boudroie (Seeteufel)
200 g congre (Meeraal)
2 grondin (Knurrhahn)
200 g loup (Wolfsbarsch)
200 g lotte (Seeteufel)
200 g saint-pierre (Petersfisch)
100 g rougets grondin(Knurrhahn)
3 l soupe de poissons (Fischsuppe)
1 kg Kartoffeln
1 Fenchel
2 weiße Zwiebeln, gehackt
4 Knoblauchzehen, fein gehackt
2 Petersilienstengel
Zeste von 1 Orange
2 Tomaten, klein gewürfelt
1 Stengel Thymian
1 Lorbeerblatt
10 schwarze Pfefferkörner
10 Safranstempel
Olivenöl, Salz, Weißwein,
Croûtons und Rouille (gibt's fertig zu kaufen)

Zubereitung:

Die Fischsuppe herstellen und durch ein Spitzsieb passieren. Die Fische putzen und filetieren, in Portionen schneiden, oder wenn Sie es wünschen, im Ganzen lassen. Das Gemüse einputzen, klein schneiden und in der Fischsuppe gar kochen, rausnehmen und auf einer Bouillabaisse-Platte warm halten. In einem Kochtopf in Öl, Zwiebeln, Knoblauch, Tomaten, Orangenzesten, Lorbeerblatt kurz andünsten, Petersilie, Knoblauch, etwas Salz, Pfeffer und Safranpulver darüber streuen, mit einem Glas trockenen Weißwein ablöschen und die Fischsuppe dazugeben. Die Fische reinlegen, beginnen mit Meeraal und Seeteufel, dann Drachenkopf und Knurrhahn und als letztes die anderen Fische, (unterschiedliche Gardauer). Alles zum Kochen bringen und wenn die Fische gar sind, diese rausnehmen, zusammen mit dem Gemüse und Kartoffeln auf der Bouillabaisse-Platte anrichten. Die Suppe und die Fische separat gleichzeitig servieren. Dazu gehören separat getostete Baguettescheiben und Rouille.

Soupe de Roche
Fischsuppe

Zutaten:
3 kg Felsenfische
4 Tomaten, 3 Tranchen Sellerie,
1 Karotte, 1 Stange Lauch, 1 Fenchelknolle, 1 Zwiebel, Weißwein,
1 El Tomatenmark, einige Safranfäden, einige Fenchelkörner, etwas Thymian, 2 Lorbeerblätter, 1 Knoblauchzehe
Olivenöl und Salz

Zubereitung:

Die Fische so lassen wie sie sind, nicht ausnehmen. Alles Gemüse in kleine Stücke schneiden. In einen großen Kochtopf Öl geben, das Gemüse darin kurz andünsten und die ganzen Fische dazugeben. Ca. 10 Minuten andünsten lassen, dann den Weißwein, das Tomatenmark, Safran, Fenchelkörner, Thymian und Lorbeer dazugeben. Mit Wasser bis oben auffüllen und 3 Stunden bei mittlerer Hitze köcheln lassen. Wenn sie gar sind, die ganze Suppe durch eine Passiermaschine passieren.

Heimat, Tradition, stolze Geschichte, schmucke Feste und Brauchtum auf Schritt und Tritt

Das Allgäu ist geprägt von Wiesen, Feldern, Tälern und Bergen. Eine Traumlandschaft.

Eine Landschaft zum Träumen. Mit viel Tradition und Brauchtum, das sich über viele Jahrzehnte erhalten hat. So an den Klausentagen, wenn hunderte, in Felle gekleidete Gestalten, „die Buzen", durch die Straßen springen und mit ihren Ruten drohen. Am Funkensonntag brennt die „Hex" im Funkenfeuer ringsum auf den Bergen und in den Tälern und macht dem Winter den Garaus. In Oberstdorf wird alle fünf Jahre der „Wilde Männle Tanz" aufgeführt. Ein Brauchtum, das bis in Urzeiten zurückreicht. Trachtenvereine feiern bei Heimatabenden und Brauchtumsfesten mit Gästen und Einheimischen. Zwei Trachtenformen sind typisch für das Oberallgäu: die Gebirgstracht mit Lederhosen, Edelweißhosenträgern und schlichteren Dirndln und die historischen Trachten mit Hauben, Mänteln und Silberknöpfen. Prunkvolle Kirchen und liebliche Kapellen finden sich überall. Die älteste Holzkapelle Deutschlands der Spätrenaissance befindet sich im Rohrmoos, 1568 erbaut. Die mächtige Barockanlage von Ottobeuren geht auf die Phase von Kirchenstiftungen und Klostererweiterungen nach den Wirren des Dreißigjährigen Krieges zurück. St. Loretto, der historische Wallfahrtsplatz bei Oberstdorf, umfasst drei Kapellen mit spätgotischen Figuren, Wandmalereien und dem berühmten Altar mit Figuren des Füssener Bildhauers Anton Sturm. Touristenattraktion Nummer eins ist und bleibt das Märchenschloss Neuschwanstein von Ludwig II. bei Füssen, der dort seine Träume verwirklichte.

Oben links:
In der Kirche in Bad Oberdorf findet sich eine Marientafel von Holbein d. Ä. sowie weitere Beispiele spätgotischer Kunst.

Linke Seite:
Funkenfeuer im Ostrachtal

Oben rechts:
Auf den höchsten Gipfeln finden Bergmessen statt. Der Klang der Alphörner ist weit zu hören.

Darunter:
Am 4., 5. und 6. Dezember sind die „Buzen" unterwegs.

Unten links und rechts:
Kleine und große Schuhplattler

Unten Mitte:
Der Sechsertanz der Alten

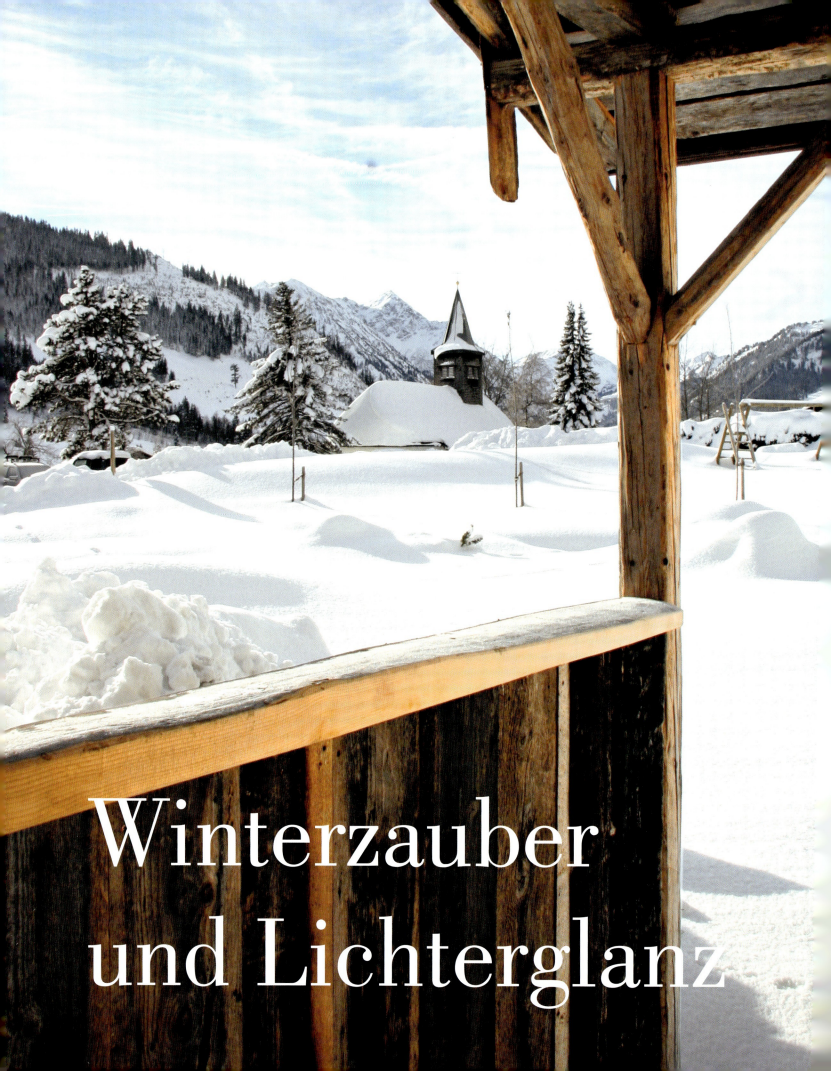

Winterzauber und Lichterglanz

Winterzauber und Lichterglanz. Im Winter, wenn die Tage kürzer, die Nächte länger sind, freuen wir uns über den gemütlichen Kerzenschein. Er flackert, leuchtet und züngelt in die Höhe und verbreitet Licht und Wärme. Er verleiht uns Lichtblicke. Wir freuen uns über den Lichterglanz, über das flackernde und knisternde Kaminfeuer, das Wärme und Geborgenheit ausstrahlt.

Wir erfreuen uns an den wunderschön aufgestapelten Holzbeigen mit Scheiterln für den Kamin. Wir schauen den Vögeln zu, die futtersuchend zu den Vogelhäuschen fliegen. Wir sammeln Tannenzapfen für eine gemütliche Dekoration zu Hause. Wir genießen stille Momente in einer unberührten Schneelandschaft, weit ab von Alltags-Hektik, die tief verschneite Landschaft in den Allgäuer Bergen, mit immergrünen Tannenbäumen im Winterkleid, deren Grün von dem weißen Schnee überdeckt wurde. So können wir wieder zu uns selbst finden. Denn in der Natur und in der Einfachheit können wir unsere Energien wieder auftanken. Trinken wir einen Becher Glühwein in einer einfachen Alphütte, zaubern wir mit Kerzen eine urgemütliche Atmosphäre. Erfreuen wir uns an den wunderschönen Tannenzapfen, den blühenden Christrosen, den Millionen von glitzernden Schneekristallen. Genießen wir das Winterwunderland in den Allgäuer Alpen.

Drei Generationen Gastlichkeit in Oberjoch

Hannes und Hede Lanig 1932–1966

Als Hannes und Hede Lanig aus Regensburg 1932 als Skilehrer nach Oberjoch kamen, war der Skilauf gerade im Entstehen. Es gab noch keine Lifte, die Gäste mussten zu Fuß auf Skiern mit Fellen die Hänge hinauf, um dann wieder abfahren zu können. Der Schnee war tief, eine Piste konnte nur mit den Füßen und den Skiern getreten werden. Die Damen trugen noch keine Beinkleider, dafür lange Röcke. Es war die Zeit des Telemarks und des Kristianias.

Hanspeter und Silvia Lanig 1966–2003

Hanspeter Lanig, gelernter Hotelkaufmann, Ausbildung in den besten Häusern in USA, Spanien, Frankreich und Deutschland, berühmt durch seine sportlichen Skierfolge, die außergewöhnliche Pressekonferenz nach dem olympischen Silbermedaillengewinn in Squaw Valley, die er in 5 Sprachen ohne Dolmetscher gab, Filmemacher („Weite weiße Welt", „Ski 66", „Ein Jahr in den Bergen" u. a.), Autor von Skilehr-, Radsport- und Reisebüchern, leidenschaftlicher Rennrad- und Pässefahrer, kennt die ganze Welt. Silvia Lanig-Gnehm, Journalistin aus der Schweiz, ehemaliges Mitglied der Schweizerischen Skinationalmannschaft und Fotomodell, spricht 4 Sprachen, Autorin der Bücher „Allgäuer Kochkunst" und „Allgäu mit Leidenschaft", isst und kocht leidenschaftlich gern, liebt französischen Rotwein und Frankreich im Allgemeinen, spielt Golf und ist zuständig für die Inneneinrichtung und die Werbung.

Beide freuen sich über ihre Großfamilie und sind leidenschaftlich Opa und Oma. Ihre Kinder Peter und Penny haben beide die Ecole Hotelière in Lausanne absolviert, waren Mitglieder der Deutschen und der Schweizer Skinationalmannschaft – Penny bei den Alpinen, Peter bei den Freestylern – und konnten große sportliche Erfolge verzeichnen. Sie fuhren Skirennen auf allen Kontinenten. Mehrere schwere Skiunfälle beendeten ihre Skikarrieren. Penny ist heute in der Schweiz mit Thomas Trümpi verheiratet, arbeitet als Marketing Direktor von Lufthansa und hat zwei super Kinder Stella und Tom. Reisen ist ihre Leidenschaft, sie ist jedoch am liebsten in ihrem geliebten Oberjoch. Alle fahren heute noch leidenschaftlich Ski – am liebsten im Tiefschnee und abseits der Pisten.

Peter und Daniela Lanig 2003 bis heute

Peter hat im Jahr 2003 das Hotel übernommen und führt es seit diesem Zeitpunkt mit großem Erfolg. Er ist seit 2005 mit Daniela verheiratet. Sie haben die liebenswerteste Tochter Victoria. Daniela ist im Hotel für die Spa verantwortlich und unterstützt tatkräftig ihren Mann und sein Team. Sie hat das Hotelfach gelernt, war Model, kommt aus dem Allgäu und ihre Hobbys sind Reisen, Sushi essen und Autorennen.

Peter ist Gastgeber mit Leidenschaft, sein Lieblingsgebiet ist Food & Beverage, Küche und Service. Liebenswürdigkeit liegt ihm am Herzen. Er managt mit Bravour seine beiden Geschäfte, die Pizzeria & Gelateria und das Hotel Lanig Resort und Spa. Er fährt immer noch sehr gerne und gut Ski, Rennrad und Mountainbike, spielt ausgezeichnet Golf, hat leider fast keine Zeit mehr dazu, sein großes Hobby ist jedoch, neben dem Hotel, das Bauen. Er hat bei allen Bauten tatkräftig selbst Hand angelegt, weiß, wo jede Leitung verlegt ist, wo jedes Rohr liegt, wie alles funktioniert und ist nebenbei noch Computer-Freak. Die ideale Konstellation für einen erfolgreichen Hotelier.

Chronik

1919
Oberjoch

1932
Hannes Lanig, staatlicher Skilehrer seit 1928, und Hede Lanig aus Regensburg kommen als Skilehrer und Bergführer nach Oberjoch ins Haus „Ingeborg". Sie führen die ersten Skikurse durch und veranstalten Hochtouren. Ein Kurs kostet damals 15 RM in der Woche. Skikurse finden bei

wenig Schnee auf dem Ochsenberg statt, wo damals noch wenige Bäume stehen. Wer den Schneepflug kann, darf in das Dorf abfahren.

1935
Am Fuße des Ornachs können sie ein Grundstück erwerben und bauen darauf eine kleine Pension mit vier Fremdenzimmern.

1935
Am 7.10.35 erfolgt der erste Spatenstich. Am 7.12.35 wird Sohn Hanspeter geboren, kommt sozusagen mit den Türstöcken ins Haus.

1936/37
Das Haus wird mit einem ersten kleinen runden Anbau zum Café erweitert. Davor eine kleine Terrasse mit Gartentischen. Nun kann es erst richtig losgehen, das Café Lanig wird eröffnet.

1937
Die Liebe zum Detail, Holzbrunnen, Natursteintreppen, Steinpfeiler und ein traumhafter Ausblick auf die Allgäuer Berge sind damals schon das A und O.

1938
Die erste Postkarte wird gedruckt, das Café Lanig darauf mit einem Kreis eingezeichnet. Dahinter schon die von Hitler gebaute Polizeikaserne, die heutige Kinderklinik Santa Maria. Eine Naturstraße führt am Haus vorbei. Die heutige Deutsche Alpenstraße vom Bodensee bis Berchtesgaden wird im

Dritten Reich gebaut und ist nach dem Ort Oberjoch nur noch ein kleiner Naturpfad bis Unterjoch. Die alte geplante Trasse wird erst Jahrzehnte später zur Bundesstraße ausgebaut.

1939–45
Im Krieg wird das Haus beschlagnahmt, zuerst von den Franzosen, dann von den Amerikanern und schließlich vom Roten Kreuz. Hannes Lanig wird eingezogen, Hede Lanig zieht die drei Kinder Evi, Hanspeter und Axel groß.

1949
Anbau eines Rundtraktes mit

großer Sonnenterrasse zum bekannten Café Lanig.

1955
Café mit kleinen Gerichten. Es finden Veranstaltungen statt.

Hanspeter und Evi Lanig feiern Erfolge im alpinen Skirennsport.

1956
Hanspeter Lanig startet bei den Olympischen Spielen in Cortina, ist mit Bestzeit unterwegs und stürzt dann. Sieger

Chronik

wird Toni Sailer. Lanig wird Fünfter. Schade, es wäre eine Medaille gewesen.

1958

Evi Lanig heiratet Bob-Olympiasieger Lenz Nieberl. Sie haben zwei Kinder Monika und Carlo. Carlo Knauss, bekannt als Golfprofi, ehemals Bundestrainer, TV-Golf-Kommentator, Golfplatzbauer und Manager.

1960

Hanspeter Lanig gewinnt in Squaw Valley die Olympische Silbermedaille im Abfahrtslauf hinter dem Franzosen Jean Vuarnet und kann von der

Gemeinde Hindelang das an das Café Lanig angrenzende Grundstück kaufen.
Roland Gahlert (auf dem Bild

mit Hede Lanig) kommt als Konditor ins Lanig. Er verwöhnt die Gäste noch heute.

1962–66

Hanspeter Lanig ist Trainer und Coach der deutschen alpinen Skinationalmannschaft. Er erwirbt ein weiteres Grundstück in Oberjoch, das er später bebaut.

1966

Er übernimmt am 28. Mai von seinen Eltern das Café Lanig mit vier Fremdenzimmern, heiratet im September seine Freundin, die Journalistin und

ehemalige Skirennfahrerin Silvia Gnehm aus der Schweiz. Im Dezember kommt Sohn Peter auf die Welt. Um Gäste zu Abendveranstaltungen ins Café zu bekommen organisieren sie Skirennen im Saal (auf Schmierseife) – mit Olympiasiegerin Heidi Biebl, eine Riesengaudi – und Filmabende mit Filmen von Hanspeter Lanig.

1967

Anbau einer großen Sonnenterrasse, als Erweiterung des Restaurants, so gebaut, dass sie später überbaut werden kann.

1968

Bau des neuen Hoteltraktes, der Cafébetrieb im alten Teil geht weiter. Als der Rohbau steht, lassen die Nachbarn als Angrenzer wegen Abstandsflächenüberschreitung den Bau einstellen. Hanspeter Lanig bekommt eine Audienz bei Bischof Josef Stimpfle von

Augsburg, der als Vermittler mit Monsignore Schilcher eintritt. Der Freistaat Bayern gibt wegen Existenzgefährdung grünes Licht zum Weiterbauen. Es kommt ein Grundstückstausch mit der Diözese zustande. Hanspeter Lanig, immer selbst persönlich am Bau tätig, erkrankt schwer und Silvia Lanig, mit Penny schwanger, koordiniert die Bau- und Einrichtungsarbeiten zusammen mit ihm und Architekt Wolfgang Wörz.

Eröffnung des Hotel Lanig am 7.12. mit 35 Betten und einem neuen Restaurant, „ozapft is".

Die neuen Zimmer haben alle Bad, WC, Balkon und Telefon. Das neue Restaurant mit grandioser Aussicht, hat einen offenen Steinkamin und behauene Holzdecken. Es ist heute noch in Betrieb.

1969

Tochter Penny wird geboren. Die Familien Kirchfeld und Michel feiern mit und sind unsere ältesten Stammgäste, die jedes Jahr wiederkommen. Hanspeter Lanig ist wieder gesund. Silvia arbeitet als freie Journalistin weiter für die Zeitschriften „Annabelle", „Annette" und den Ringier Verlag. Wir planen und beginnen mit dem Aushub des Freibades.

1970

Wir bauen das erste Freibad in Deutschland, das auch im Winter beheizt wird. Es ist die Attraktion in Europa.

Chronik

1970
Gründung der Skischule Lanig. Neue Unterrichtsme-

thode für Anfänger: Kurzskikurse. Die Presse bringt in „Bild", „Bunte" und vielen anderen Zeitschriften große Berichte über uns. Wir veranstalten zusammen mit namhaften Zeitschriften und Verlagen Skiwochen: „Brigitte-Skiwoche", „Freundin-Skiwoche", „SKI-Seminar".

1970
Bau eines Minigolfplatzes auf dem Grundstück auf der anderen Dorfseite, das Hanspeter in den 60er Jahren von seinem Schwager Lenz Nieberl kaufen kann.

1972
Der Minigolfplatz wird abgebaut und 1974 beim Hotel wieder aufgebaut. Er muss einem Appartementhaus weichen, das wir nach den Plänen von Architekt Hürlimann aus München bauen, mit offenen Kaminen. Zur Finanzierung werden zwei Wohnungen sofort verkauft, die anderen vom Hotel aus für Feriengäste vermietet.

1974
Verlegung des Minigolfplatzes an die Westseite des Hotels. Dieser wird später abgerissen und an seiner Stelle, den Gästewünschen entsprechend, ein Allwetter-Tennisplatz gebaut.

1974
Abbruch des alten Osttraktes und Cafés. Nur ein kleiner Teil nach Norden mit der Küche bleibt bestehen.

1975
Bau des großen neuen Hoteltraktes mit Kaminhalle, neuer

Rezeption, Boutique, Frisör, 20 neuen Zimmern, Skihüttenbar und Sauna.

1975
Ein Teil des Untergeschosses wird zu einer Gertraud Gruber Schönheitsfarm unter Leitung von Silvia Lanig ausgebaut.

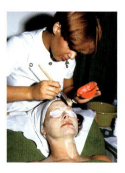

1977
Gabi kommt nach Hotelausbildung ins Hotel, wird unsere Assistentin und leitet mit uns

bis zu ihrer Heirat den Hotelbetrieb. Als Freundin kommt sie heute noch und hilft, wenn Not an der Frau ist.

1979
Hanspeter Lanig kann das Kaiserhaus im Dorfzentrum kaufen und baut dieses zu einem Sportshop mit Skiverleih und Personalzimmern aus.

1979
Eröffnung eines Modegeschäftes an der Marktstraße in Hindelang. Silvia Lanig kauft die schönsten Modelle von namhaften Marken wie

Bogner, Lodenfrey, Betty Barclay, Kern, VdeV oder auch Loringhoven ein. Dazu wunderschönes Kunsthandwerk.

1982
Neubau des Felsenhallenbades mit Whirlpool, Tretbecken, Sonnenbank, Fitnesscorner. Die Sauna wird neu

Chronik

darin integriert. Dazu eine erweiterte Sonnenterrasse.

1990
wird die Renovation der 1968 gebauten Zimmer notwendig. Die alten Balkone werden zu den Zimmern als Wohnraum dazugenommen und davor neue Balkone angehängt. Gleichzeitig wird der Giebel nach Süden gedreht. Wie immer arbeiten Hanspeter und Peter Lanig selbst am Bau mit.

1990
Aufgabe des Geschäftes an der Marktstraße in Hindelang, Neueröffnung beim Kurpark.

1992
Peter Lanig übernimmt nach dem Abschluss des Studiums an der weltberühmten Hotelfachschule in Lausanne und Praktika in Frankreich, der Schweiz und Deutschland die

Führung des Hotels, unterstützt von Küchenchef Roland und der Mutter Silvia. Es kommen neuer Schwung und Elan ins Haus. Die Skihüttenbar wird umgebaut. Das LANIG-Kochbuch erscheint.

1993
Abbruch des letzten Teiles des alten Café Lanig, nordseitig. Bau von neuen Zimmern, einer neuen Küche und Lagerräumen, ausgestattet mit modernsten Herden und Combi-Dämpfern.

1994
Wir verzichten auf Tages-Ausflugsgäste der Ruhe unserer Gäste zuliebe, so dass sich unsere Gäste rundum wohlfühlen und deren Ferienqualität sich verbessert.

1995
Das Freibad ist undicht. Es wird komplett abgerissen und eine neue attraktive Freibadanlage mit Außenwhirlpool, Wasserfall, Felsen und Sonnenterrasse entsteht.

1996
Die Westfassade wird neu geschindelt, neue Toiletten gebaut, Zimmer renoviert, neue Teppiche verlegt – eine „Rundum-Kosmetik".

1997
In nur sechs Wochen Bauzeit werden das dritte Dachgeschoss des Hotels abgerissen und zwei neue Geschosse gebaut. Die luxuriösen Stadl-

Suiten – Top of Germany – mit eigenem Whirlpool, offenem Kamin, Kachelofen und traumhafter Aussicht entstehen.

1998
Peter Lanig baut im Dorf am großen Parkplatz sein neues Haus mit Wohnungen, einer Pizzeria und einem Shop, das Chalet Jochpass.

1999
Restaurant-Erweiterung nach Westen. Es entsteht die „Tenne" mit Glasdach, großen transparenten Schiebetüren zur Terrasse und Blick zu den Sternen.

2000
Solaranlage mit einem neuen Heizungssystem und modernster Computersteuerung wird

Chronik

innerhalb weniger Wochen eingebaut, die alte Heizung komplett rausgerissen.

2002
Planung einer neuen Hotelerweiterung mit großem Wellnessbereich, neuem Hotel-

trakt, Restaurant, Empfang, Zimmer und Suiten. Dazu sind noch Grundstückstausch, neuer Grundstückerwerb notwendig. Hanspeter Lanig tauscht mit der Gemeinde die ehemalige Kurverwaltung.

2003
Peter Lanig übernimmt das Hotel Lanig und hat jetzt die alleinige Führung. Die Hotel-

erweiterung wird in Angriff genommen. Auf der Südseite des Hotels wird auf der ganzen

Länge des Parkplatzes bis hinunter an die Straße der Fels herausgesprengt, das alte Gebäude der ehemaligen Kurverwaltung abgerissen und innerhalb von 7 Monaten ein neuer Hoteltrakt gebaut. Es entsteht eine Tiefgarage, eine einzigartige Wellnesswelt mit

Edelweiß Alpenspa und Pavillon, im Einklang mit der Natur. Beide Männer Lanig legen persönlich Hand an, holen die Natursteine von den

Viehweiden und setzen diese auch selbst. Es entsteht eine neue Sonnenterrasse. Silvia Lanig richtet mit ihrem Knowhow die Spa ein, macht das Konzept und entscheidet sich für Fermes de Marie aus den Savoyer Alpen.

2004
Innenausbau eines Geschosses des südlichsten Hoteltraktes. Die neuen Zimmer und Suiten haben alle gran-

diosen Ausblick und sind im Chaletstil eingerichtet, mit viel altem Holz und Balken. Die Gartenanlage wird von Peter und Hanspeter nach den Plänen von Kurt Rossknecht (dem bekannten Golfplatzarchitekten und früheren Lanig-Skilehrer) angelegt. Riesige Steinbrocken werden

zur Mauer aufgeschichtet, ein Allgäuer Kräutergarten von Peter mit Brücke und Bachlauf angelegt, alles begrünt und bepflanzt.

2005
Die restlichen Zimmer im Südflügel werden im Stadl-

Romantik-Stil ausgebaut und sind bereits im Sommer bezugsreit. Mit viel altem Täfer, Balken und Steinen. Urgemütlich mit hochwertigsten Polstergruppen, derben Bauernmöbeln und Vorhängen aus Jutestoffen. Neuer Fitnessraum mit Aussicht und hochwertigen Geräten. Im Sommer und Herbst wird mit Hochdruck die neue Felsen-Empfangshalle und das neue

Restaurant gebaut. Mit imposanten Felsen, Steinen, altem Holz, altem Schindeldach. Der Innenausbau mit bequemen Sitzgruppen aus echtem Hirschleder und Kuhfellen kann pünktlich zur Eröffnung

am 9. Dezember 2005 beendet werden.

2005
Familie Lanig kauft das alte Postgebäude in Oberjoch und baut es zu einem Sportcenter Oberjoch mit Skiverleih, Skischule, Shop und Babylift um. Sie können einen Teil des Prinzenwaldes erwerben.

2006
In der Kaminhalle muss die alte Empfangstheke einer Tagesbar weichen.

2005/2006
Wir feiern Geburtstag: **70 Jahre LANIG.**

Morgens

Konfitüren und Gelees

Aprikosen-Vanille-Konfitüre

Zutaten
für etwa 6 Gläser à 1/2 l: 1 kg Aprikosen • 1,5 dl Weißwein • Saft von 1 Zitrone • Zucker nach Gewicht der Fruchtmasse • 2 Vanilleschoten

Zubereitung
Die Aprikosen waschen, halbieren und entsteinen. Mit dem Weißwein und dem Zitronensaft in eine Pfanne geben und zugedeckt sehr weich kochen.
Dann die Masse im Mixer pürieren. Auf 1 kg Aprikosenpüree 750 g Zucker abmessen, 4:3. Beides in eine Pfanne geben.
Die Vanilleschoten der Länge nach aufschneiden und mit den herausgekratzten Samen beifügen. Alles unter Rühren langsam aufkochen. Dann auf mittlerem Feuer lebhaft kochen lassen und erstmals nach 10 Minuten die Gelierprobe machen.
Die fertige Konfitüre sofort in saubere Gläser füllen und verschließen.

Kirschenkonfitüre à la Verveine (Eisenkraut)

Zutaten
für 4 kg Konfitüre: 3 kg Kirschen • 2 1/2 kg Zucker • 3 Stängel Eisenkraut

Zubereitung
Die Kirschen waschen, entkernen und in ein Gefäß zusammen mit dem Zucker und dem Eisenkraut legen. 12 Stunden im Kühlschrank ziehen lassen.
Die Kirschen in einen Konfitüren-Kochtopf geben und sie 2 Minuten kochen lassen. Die Hälfte der Kirschen rausnehmen und auf die Seite tun. Nun nochmals 10 Minuten köcheln lassen. Nun die andere Hälfte der Kirschen wieder dazugeben und kurz aufkochen lassen, ohne dass die Mixtur am Boden anbrennt.
In die Konfitürengläser einfüllen, sofort schließen und auf dem Kopf stehen lassen, bis sie erkaltet sind.

Zwetschgenkonfitüre mit Rohrzucker vom Blech

Zutaten
für etwa 4 Gläser zu je 1/2 l: 1 1/2 kg Zwetschgen • 200 g Rohrzucker • 150 g Baumnusskerne

Zubereitung
Zwetschgen halbieren, entsteinen und auf ein großes Blech legen. Das Blech soll vollständig mit Früchten bedeckt sein. Die Baumnusskerne grob zerbröseln und darüber verteilen. Mit dem Zucker bestreuen.
Alles in der Mitte des auf 230 °C vorgeheizten Ofens so lange backen, bis der Zucker karamellisiert. Ab und zu die Früchte wenden. Sofort in saubere Gläser füllen.

Pfirsichkonfitüre

Zutaten
500 g Pfirsiche • 400 g Zucker • 1/2 Zitrone • Saft von einer Zitrone • 3 EL Weißwein • 2 EL Wasser • 2 Nelken

Zubereitung
Die Pfirsiche 2 Minuten in kochendes Wasser tauchen, schälen, halbieren und in kleine Stücke schneiden. In eine Glasschüssel geben, den Zucker darüber verteilen und 12 Stunden stehen lassen. Das Pfirsichfleisch zusammen mit allen übrigen Zutaten unter Umrühren aufkochen. Weiterkochen, bis der Saft geliert. Die Nelken entfernen und die Konfitüre in Gläser abfüllen.
Um die Konfitüre länger haltbar zu machen, muss sie heiß abgefüllt und verschlossen werden.
Lanig-Tipp: Pfirsichkonfitüre kann auch mit Ingwer, mit Pfefferkörnern oder mit Whisky parfümiert werden.

Himbeer-Erdbeergelee mit Äpfeln

Zutaten
für etwa 8 Gläser à 1/2 l: 500 g Erdbeeren • 250 g Äpfel • 500 g Himbeeren • pro 1 Liter Saft 1 kg Gelierzucker • Saft von 1 Zitrone

Zubereitung
Die Erdbeeren kurz waschen, rüsten und in Scheiben schneiden. In eine Pfanne geben. Die Äpfel ungeschält mitsamt Kerngehäuse in Schnitzchen scheiden und mit den Himbeeren zu den Erdbeeren geben. So viel Wasser beifügen, dass die Früchte bedeckt sind. Unter Rühren aufkochen, dann zugedeckt auf kleinem Feuer 15 Minuten kochen lassen. Alles in ein Geliertuch, das in ein Sieb gelegt wurde, abgießen und den Saft langsam in eine Schüssel ablaufen lassen. Wichtig: Die Masse am Schluss nur ganz leicht ausdrücken, jedoch nicht pressen, sonst wird der Saft trüb.
Den Saft abmessen und im Verhältnis 1:1 Gelierzucker abwägen. Beides in eine Pfanne geben und den Zitronensaft beifügen. Unter ständigem Rühren aufkochen, dann 4 Minuten sprudelnd kochen lassen. Sofort in saubere Gläser füllen und verschließen.

Lanig-Tipps: Zucker lässt Konfitüren und Gelees nicht nur gelieren, sondern er konserviert sie gleichzeitig. Am besten geeignet ist der so genannte Kristallzucker. Für Konfitüren aus exotischen Früchten und Spezialitäten kann man auch braunen Zucker nehmen. Die altbewährte Regel für das Einmachen mit normalem Zucker lautet: Auf 1 kg gerüstete Früchte nimmt man 1 kg Zucker. Durch die relativ lange Einkochdauer entwickelt sich ein sehr intensiver Fruchtgeschmack, es ergibt sehr süße Konfitüren.
Gelierzucker besteht aus Zucker, Apfelpektin und reiner Zitronensäure. Damit gelieren Konfitüren und Gelees ohne lange Kochzeit und das Aroma sowie die natürliche Farbe der Früchte bleiben optimal erhalten. 1 kg ungerüstete Früchte auf 1 kg Gelierzucker. Bei pektinarmen Früchten gibt man am besten etwas Zitronensaft, pro kg Früchte den Saft von 2–3 Zitronen dazu. Wichtig: Mit Gelierzucker zubereitete Konfitüren müssen genau 4 Minuten lang sprudelnd gekocht werden, sonst gelieren sie nicht richtig.
Gelierhilfen gibt es sowohl in Form von Gelierzucker als auch Gelierpulver. Bei deren Verwendung verschiebt sich das Verhältnis von Zucker und Früchten zugunsten der Früchte. Meist 2:1, d.h. auf 1 kg Früchte benötigt man nur 500 g Zucker. Dieser kann auch durch Fruchtzucker oder Sorbit ersetzt werden, was Konfitüren und Gelees auch für Diabetiker genießbar macht. Nachteil: Nur bedingte Haltbarkeit.
Gelierprobe: Einige Tropfen Konfitüre auf einen vorgekühlten Teller geben. Leicht abkühlen lassen. Der Gelierpunkt ist erreicht, wenn die Tropfen sich schon nach kurzer Zeit mit einer Haut überziehen, die sich mit den Fingerspitzen zusammenschieben lässt. Einen Tropfen der heißen Masse in ein Glas mit eiskaltem Wasser geben. Er sollte als zusammenhängender Tropfen erhalten bleiben. Spritzt er auseinander, muss die Masse noch länger kochen. Mit dem Zuckerthermometer. Wenn die Kochtemperatur 105 °C aufweist, ist der Gelierpunkt erreicht.

Süßer Hefezopf

Zutaten
Hefeteig (gibt es fertig zu kaufen) • 50 g Zucker • 1 Ei und 1 Eigelb • 1/2 Zitrone, abgerieben • 50–100 g Rosinen • zum Bestreichen 1 Ei oder Eigelb mit etwas Zucker vermischt • Hagelzucker

Zubereitung
Dem fertigen Hefeteig noch Zucker, Ei, Zitrone und Rosinen beigeben und alles gut

Rezepte

durchkneten. Den Teig um das Doppelte in leichter Wärme aufgehen lassen, in 3 gleiche Stücke teilen. Aus jedem Stück eine Rolle von circa 40 cm machen. Diese zu einem Zopf flechten.
Den Zopf in leichter Wärme kurz etwas gehen lassen (5–10 Minuten).
Vor dem Backen mit Hagelzucker bestreuen. Circa 35 Minuten im vorgeheizten Ofen (180 °C) backen.

Schweizer Butterzopf

Zutaten
500 g Weißmehl • 1 TL Salz • 20 g Hefe • 1 EL Zucker • 50–80 g Butter • 2 dl Milch • 2 EL Sahne oder 3 dl Milch • 1 Ei • 1–2 Eigelb, verquirlt zum Bestreichen

Zubereitung
Hefeteig: Das Mehl in eine Schüssel geben, in der Mitte eine Mulde bilden. Die Hefe zerbröckeln und mit etwas Milch und Zucker verrühren. In die Mulde gießen, etwas Mehl darüberstreuen und 15 Minuten gehen lassen. Die übrigen Zutaten dazugeben und mit einem Holzlöffel gut mischen, dann von Hand kneten, bis sich der Teig von der Schüssel löst. Den Teig auf der Arbeitsfläche weiter kneten, bis er schön glatt ist. Die Teigkugel dazwischen immer wieder hochheben und fallen lassen. Den Teig in die Schüssel zurückgeben und mit einem feuchten Tuch bedeckt an einem warmen Ort gehen lassen, bis er etwa das doppelte Volumen erreicht hat.
Circa 1 1/2 Stunden oder kühl gestellt und zugedeckt über Nacht.
Den Teig in zwei gleiche Teile schneiden und jeden zu einem langen Strang mit spitz zulaufenden Enden rollen. Die zwei Stränge zu einem Zopf zusammendrehen. Je zwei übers Kreuz aufeinander legen, dann vierteilig zu einem Zopf flechten, der am Anfang dick, an den Enden dünner ist. Auf ein gebuttertes Backblech legen und den Zopf in leichter Wärme kurz etwas gehen lassen, circa 5–10 Minuten, ihn mit dem verklopften Eigelb bestreichen und 10–20 Minuten in die Kälte stellen. Nochmals sorgfältig mit Ei bestreichen.
Im auf 220 °C vorgeheizten Ofen 30–40 Minuten backen bis er goldbraun ist. Auf einem Gitter auskühlen lassen.
Lanig-Tipp: Der Zopf kann auch als Kranz in einer Springform mit einem Förmchen in der Mitte gebacken werden. Oder als einzelne kleine Zopfbrötchen. Zopf-Fertigbackmischung: Inhalt der Packung und circa 2,3 dl Wasser (30 °C) von Hand oder mit der Maschine circa 8 Minuten zu einem elastischen Teig kneten. Den Teig zugedeckt in einer Schüssel 30 Minuten ruhen lassen. Dann den Teig halbieren, zu zwei Rollen von circa 60 cm Länge formen und zu einem Zopf flechten. Siehe oben. Den Zopf auf ein mit Backpapier belegtes Blech legen, mit Ei bestreichen und nochmals 40–50 Minuten gehen lassen. Im vorgeheizten Ofen circa 30 Minuten bei 190 °C, im Umluft-Backofen bei circa 170 °C backen.

Nusszopf

Zutaten
Hefeteig, gibt es auch fertig zu kaufen • für die Füllung: 250 g Nüsse, gerieben und geröstet • 100 g Zucker • 1 EL Zimt, gemahlen • 3–4 Eier • Puderzucker

Zubereitung
Den Hefeteig 20 Minuten zugedeckt in einer Schüssel gehen lassen. Dann nochmals leicht durchkneten, auswallen, circa 1 1/2 cm dick, und mit der gut durchgemischten Füllung circa 1 cm dick bestreichen. Zu einer Rolle einrollen, der Länge nach in der Mitte auseinander schneiden, so dass zwei gleich große Stücke entstehen. Diese nebeneinander legen und einen Zopf flechten. Auf das Kuchenblech legen und zugedeckt nochmals 1/2 Stunde an einem warmen Ort gehen lassen. Den Backofen auf 180 °C vorheizen und den Zopf circa 30–40 Minuten backen. Abkühlen lassen und mit Puderzucker nach Wunsch bestreuen oder mit einer Zuckerglasur bestreichen.

Mittags

Spaghetti-Variationen

Zutaten
für 6 Personen: 500 g Spaghetti • reichlich Salzwasser

Zubereitung
Für alle Gerichte: Spaghetti immer in reichlich Salzwasser als dente (mit Biss) kochen, je nach Spaghetti-Dicke zwischen 3 und 6 Minuten.

Spaghetti mit Tomatensauce

Zutaten
2 Tomaten in kleine Würfelchen schneiden • 1 TL Butter • 1/2 Zwiebel, klein gehackt • 1 Knoblauchzehe, fein gehackt • 1 EL Tomatenmark (kann auch weggelassen werden) • Salz und Pfeffer

Zubereitung
In einer Pfanne in Butter die Zwiebeln, den Knoblauch und die Tomaten zusammen langsam anschwitzen, dabei die Pfanne immer wieder schwenken, bis sie gar sind. Mit Salz und Pfeffer abschmecken. Die gekochten Spaghetti darunter mischen und auf Tellern anrichten. Dazu geriebenen Parmesan oder Bergkäse oder gehobelten Käse reichen.

Spaghetti mit Pesto

Zutaten
Blättchen von 1 großen Bund Basilikum, nur

Rezepte

abreiben, nicht waschen • 2 EL Pinienkerne • 3 gehackte Knoblauchzehen • 1/8 l Olivenöl • Salz und Pfeffer

Zubereitung
In einer Pfanne die Pinienkerne leicht anrösten und mit den anderen Zutaten im Mörser mit einer Prise Salz zu einer Paste zerreiben oder im Mixer fein pürieren. In eine Schale umfüllen, esslöffelweise 1/8 l Olivenöl unterrühren, bis eine sämige Crème entsteht. 3–4 EL vom heißen Nudelwasser unter den Pesto rühren und die Spaghetti dazugeben.

Spaghetti mit Champignon-Rahmsauce

Zutaten
8–10 Champignons, in feine Scheiben geschnitten • 1 dl Sahne • Salz und Pfeffer

Zubereitung
In einer Pfanne in wenig Fett oder Öl die Champignons bei kleinem Feuer leicht anschmoren lassen, darauf achten, dass sie nicht braun werden. Sahne dazugeben und etwas einreduzieren lassen. Mit Salz und Pfeffer abschmecken. Die Spaghetti darunterziehen und servieren.

Spaghetti mit Aglio, Olio, Peperoncino

Zutaten
10 EL Olivenöl • 1 frische Knoblauchzwiebel oder 4 Knoblauchzehen, in feine Ringe geschnitten • 2 rote frische Peperoncini ohne Kerne, in Ringe geschnitten • 1 EL Petersilie, grob gehackt • Salz und Pfeffer aus der Mühle

Zubereitung
Knoblauch in wenig Olivenöl braten, die Peperoncini und die Petersilie dazugeben. Achten, dass der Knoblauch nicht braun wird. Anschließend das restliche Olivenöl hinzufügen und die Spaghetti untermischen.

Lanig-Tipp: Die Spaghetti müssen dampfend auf den Tisch kommen.

Silvias Spaghetti Provençale mit Cipolata

Zutaten
für 6 Personen: 500 g italienische Spaghetti Nr. 5 • 12 Stück Cipolata (kleine italienische Kalbsbratwürstle) • 6–8 frische Tomaten • 1 Zucchini • 1 Aubergine • 1 große oder 2 kleine Zwiebeln • 1 rote und 1 gelbe Paprika • 1/2 cm dicke Scheibe roher Speck, in kleine Würfel geschnitten • 100 g gehacktes Rindfleisch • 1 Kugel Mozzarella, klein gewürfelt • geriebener Sbrinz oder Parmesan • etwas Olivenöl • 2 dl Rotwein (Barbera, Merlot) • 1 dl zum Ablöschen und 1 dl für die Köchin zum Trinken • 1 Zweig frischen Rosmarin • 6–8 Blätter frischen Salbei • Salz • Pfeffer • Aromat

Zubereitung
Alles Gemüse in kleine Würfel schneiden. Das Olivenöl in einer Pfanne heiß werden lassen. Die Speckwürfel, das Hackfleisch, den Knoblauch und die Zwiebeln dazugeben und anbrutzeln lassen. Mit Salz und Pfeffer würzen. Mit dem Wein ablöschen und das klein geschnittene Gemüse, ohne Tomaten, beigeben. Alles gut umrühren. Nun die Tomaten dazugeben und alles aufkochen lassen und auf kleiner Flamme weiterköcheln lassen. Den Rosmarinzweig und die Salbeiblätter dazugeben und mitköcheln lassen. Sobald das Gemüse gar ist, es muss noch leichten Biss haben, den Mozzarella einrühren, bis er verflüssigt ist. Zwei Prisen geriebenen Käse darunterrühren und, falls nötig, noch mit Salz, Pfeffer und Aromat abschmecken.
In der Zwischenzeit die Spaghetti in einem großen Topf mit kochendem Salzwasser al dente (mit Biss) kochen. In einer anderen Bratpfanne die Cipolata-Würste braten. Die Spaghetti in einer Schüssel oder großen Platte anrichten, die Sauce darübergießen und mit den Cipolatas garnieren.

Lanig-Tipp: Sie können auch einen anderen Rotwein verwenden und statt Cipolata kleine Schweinsbratwürstle nehmen.

Highlights: Unsere Salate

Wir beziehen täglich eine große Vielfalt von unterschiedlichsten Salatsorten von unseren Gemüselieferanten. Sie kommen aus Frankreich, Italien, Spanien und Deutschland. So Rucola, Lollo rosso, Lollo verde, Romana, Trevisana, Eichblatt, Batavia, Radicchio, Chicoree, Cordifole, Eiskraut, Spinatsalat, rote Beete, Karotten, Radi, Kraut, Gurken, Mais, Tomaten, Pfifferlinge, ja sogar essbare Blüten. Dazu unsere phantastischen Dressings, eine Mischung aus verschiedenen Ölen, Essigsorten und unser weißer LANIG Spezial-Dressing, der große Beliebtheit genießt und ganz einfach in der Herstellung ist.

Salatsaucen und Dips

Lanigs weiße Salatsauce „Art French Dressing":
Mayonnaise (je nachdem wie viel Sauce gewünscht wird) • frischen Dill • Schnittlauch • glatte Petersilie, fein gehackt von Hand oder in der Moulinette • etwas Zucker • Milch • Salz und Pfeffer

Die Mayonnaise in eine Schüssel geben, die fein gehackten Kräuter einstreuen und mit dem Schneebesen gut durchrühren. Je nach Geschmack etwas Zucker beifügen. Unter ständigem Umrühren so viel Milch beigeben, bis die Sauce flüssig ist. Mit Salz und Pfeffer abschmecken.

Italien Dressing:
5 EL Olivenöl extra vergine • 2 EL guten Rotweinessig • 1 TL Senf • Meersalz • Pfeffer aus der Mühle • Streuwürze

Senf mit dem Essig verrühren, dann das Öl dazugeben und alles gut mixen. Dann die Gewürze dazu.

Balsamico-Dressing:
2 EL Balsamico • 3 EL Olivenöl extra vergine • Meersalz • Pfeffer aus der Mühle • Aromat

Balsamico und Olivenöl vermischen, Meersalz und Pfeffer dazu geben, mit Aromat würzen.

Vinaigrette:
1 TL Senf mit Salz • Pfeffer • 1 kleine, fein gehackte Zwiebel • 1 fein gehacktes hartes Ei • 2 EL Weinessig • 4 EL Olivenöl

Senf mit Salz und Pfeffer verrühren, das Öl dazugeben und gut durchmixen. Dann die Eier und Zwiebeln daruntermischen.

Roquefort-Dressing für circa 1 Liter:
3 EL Sahne • 1 1/3 Tasse Mayonnaise • 1 Tasse Wasser • 1 Tasse Essig • 1 Tasse Roquefort, fein gehackt • 1 EL Petersilie, fein gehackt • 1 Prise Salz • 1 Prise Pfeffer • 3 Tropfen Tabasco

Rezepte

Sahne, Mayonnaise und Wasser in einer Schüssel oder im Mixer gut miteinander vermischen. Nach und nach den Essig beifügen. Den fein gehackten Roquefort und Petersilie dazugeben und mit Salz, Pfeffer und Tabasco würzen.

Gewürz-Dressing:
Essig und Olivenöl im Verhältnis 1:2 • Herba Mare • Aromat oder Cenovis • Paprika • Pfeffer • Senf • Büchsenmilch • Schnittlauch, fein geschnitten • Knoblauch, ausgepresst • Thymian • Majoran • Bohnenkraut • Estragon
Alle Gewürze zusammen vermischen, Essig und Öl dazugeben.

Diätdressing:
1/2 Zitrone (Saft) • 3 EL Balsamico weiß • 4 EL Wasser • 1 TL Senf • Salz • Pfeffer • Aromat
Alles zusammen vermischen.

Preiselbeer-Vinaigrette:
1/3 Essig • 2/3 Öl • etwas Salz und Pfeffer • passierte Preiselbeeren • Cassis
Alles zusammen verrühren. An Stelle von Preiselbeeren können auch andere Früchte (z. B. Himbeeren) genommen werden.

Rucolasalat mit Speck und Bergkäse

Zutaten
für 4 Personen: 2 Bund Rucola, gewaschen, grobe Stiele entfernen, große Blätter in Streifen schneiden • 4 circa 1 cm dicke Speckscheiben, klein gewürfelt • 4 Toastbrotscheiben oder Brotscheiben, in Würfel geschnitten • 50 g Kochbutter

Zubereitung
Den gewaschenen Salat in eine Salatschüssel geben oder auf 4 Tellern verteilen. Die Hälfte der Butter in die Pfanne geben, leicht erhitzen und zuerst die Speckwürfel kurz anbraten und über den Salat geben, dann die andere Hälfte der Butter in die Pfanne geben und die Brotwürfel anrösten und ebenfalls darüber anrichten. Eine Fruchtvinaigrette nach Belieben oder Balsamico und Olivenöl darübergeben.
Lanig-Tipp: Mischen Sie den Rucolasalat mit Lattich oder Kopfsalat, dann ist er nicht so intensiv im Geschmack.

Pfifferlingsalat

Zutaten
400 g frische Pfifferlinge • 1 Zwiebel, fein gehackt • 1/2 Zucchini, in feine Würfel oder Streifen geschnitten • 1 Tomate, in kleine Würfelchen geschnitten • 2 EL Rotweinessig • 4 EL Olivenöl • Meersalz und Pfeffer aus der Mühle

Zubereitung
Die Pfifferlinge kurz blanchieren und mit kaltem Wasser abschrecken. In eine Schüssel geben. Die Zwiebeln, Zucchini und Tomaten daruntermischen. Essig und Öl darübergeben und alles gut durchmischen. Kurz oder länger ziehen lassen. Mit Salz und Pfeffer abschmecken.
Lanig-Tipp: Sie können auch noch den Saft einer Zitrone dazugeben. Und an Stelle von Zucchini auch Gurken nehmen.

Rindercarpaccio mariniert und kalte Melonensuppe

Zutaten
für 4 Personen: 400 g Rindsfilet • 200 g grobes Meersalz • 1 TL Curry • 20 g schwarze Pfefferkörner • 2 Rosmarinzweige • 4 Salbeiblätter • 2 Thymianzweige • 300 g Fruchtfleisch von circa 4 Melonen • 100 g Pfirsichsorbet • 1 dl Ginger-Ale • 1 dl Tonic Wasser • 1 dl frisch gepressten Karottensaft • Saft einer Zitrone • Salate für die Garnitur • 4 Melonenstücke für die Dekoration auf die Seite tun • 1 EL Balsamicoessig • 1 EL Olivenöl

Zubereitung
Das Meersalz mit den Gewürzen Curry, Pfefferkörner, Rosmarin, Salbei und Thymian vermischen und das Rinderfilet darin marinieren. Das Fleisch alle 8 Stunden wenden. Nach circa 24 Stunden rausnehmen und gut säubern. Das Rindsfilet in hauchdünne Scheiben schneiden und locker auf dem Teller anrichten.
Für die Melonensuppe das Fruchtfleisch mit Pfirsichsorbet, Ginger-Ale, Tonic Wasser, Karottensaft und dem Zitronensaft mischen und im Mixer pürieren. Die Melonensuppe in Gläser füllen, mit einer Melonenscheibe garnieren und auf den Teller stellen. Die Blattsalate um das Glas legen und den Tellerrand mit Balsamicoessig und Olivenöl beträufeln.
Lanig-Tipp: Die Melonen müssen ganz reif sein. Am besten eignen sich Cantaloup- oder Cavaillonmelonen. An Stelle von Rindsfilet kann auch ein ganz schönes Stück Roastbeef genommen werden, das dann in der Mitte auf Filetgröße auseinander geschnitten wird. Besonders gut schmeckt die Melonensuppe, wenn sie vorher im Kühlschrank kalt gestellt wurde und sehr kalt ist.

Carpaccio von Tomaten mit Bärlauch-Ziegenkäse

Zutaten
für 4 Personen: 4 vollreife Tomaten • 480 g Bärlauch-Ziegenkäse, alternativ kann auch ein anderer Ziegenkäse oder Bergkäse genommen werden • Salz • schwarzen Pfeffer aus der Mühle • 5 cl Olivenöl • 5 cl Weißweinessig • Basilikumpesto • 100 g Basilikumblätter • 1 EL Pinienkerne • 2 Knoblauchzehen • 2 EL Parmesan, gerieben • Salz • Pfeffer • 5 cl Olivenöl, extra vergine

Zubereitung
Tomaten waschen, trocknen, in 3 mm dicke Scheiben schneiden. Käse würfeln, mit Salz und Pfeffer würzen und mit dem Olivenöl und dem Weißweinessig marinieren. 15 Minuten ziehen lassen. Wenn Bergkäse oder ein einfacher Ziegenkäse genommen wird, mit 1 EL gehacktem Schnittlauch und 2 EL fein gehackten Zwiebeln vermischen, salzen und pfeffern, dann mit dem Öl und Essig mischen. Die Zutaten des Basilikumpestos mit einem Mixer oder Mörser fein pürieren und zum Schluss das Olivenöl unterrühren.
Lanig-Tipp: Die Tomatenscheiben kreisförmig in der Mitte des Tellers anrichten. Das Käsetatar auf den Tomaten platzieren und das Basilikumpesto rundherum verteilen und mit Schnittlauch und Basilikum garnieren.

Rezepte

Nachmittags

Gedeckter Apfelkuchen

Zutaten

Mürbeteig • circa 10 Äpfel, geschält • 100 g Butter • 150 g Zucker • 80 g Rosinen • 1 cl Rum • etwas Zitrone • Vanille • Eigelb zum Bestreichen

Zubereitung

Den Mürbeteig auf ein gut eingefettetes Backblech legen. Die geschälten Äpfel in kleine Würfel schneiden und mit der Butter in einem Topf andünsten, circa 8 Minuten. Vom Herd nehmen, abkühlen lassen. Den Zucker, die Rosinen, den Rum, Zitrone und Vanille darunter mischen. Die Äpfel in der Form verteilen und mit einer Lage Mürbeteig belegen. Mit der Gabel einstechen. Mit Eigelb bestreichen. Im auf 180 °C vorgeheizten Backofen 20 Minuten backen.
Lanig-Tipp: Der Apfelkuchen kann noch mit einem Zuckerguss eingepinselt werden.

Apfelstrudel

Zutaten

Blätterteig • 1 kg feste Äpfel (am besten eignen sich säuerliche) • 1 Zitrone • 100 g Rosinen • 70 g Zucker • 1/2 TL Zimtpulver • 2–3 EL Semmelbrösel • Puderzucker zum Bestäuben falls gewünscht • Fett für das Blech • Butter zum Bestreichen des Teiges

Zubereitung

Die Rosinen in etwas Wasser einweichen. Äpfel vierteln und schälen, Kerngehäuse entfernen. Die Apfelviertel in schmale Scheibchen schneiden und in eine Schüssel geben. Fein abgeriebene Schale von 1 Zitrone, 2 EL Zitronensaft, Zucker und Zimtpulver untermischen. Gut durchziehen lassen. Kurz vor dem Füllen des Strudels die eingeweichten Rosinen abtropfen lassen und ebenfalls unter die Äpfel mischen. Zum Ausrollen des Teiges ein großes Küchentuch mit Mehl bestäuben. Teig zunächst mit dem Nudelholz dünn ausrollen. Dann mit beiden Handrücken unter die Teigdecke fassen und vorsichtig nach allen Richtungen hauchdünn ausziehen. Es darf keine Löcher geben. Die Teigfläche dünn mit zerlassener Butter beträufeln, mit 2–3 EL Semmelbröseln bestreuen. Apfelmischung gleichmäßig darauf verteilen, ringsum einen 2 cm breiten Rand frei lassen. Ränder mit zerlassener Butter bestreichen, nach innen über die Füllung einschlagen. Dann das Küchentuch der Länge nach anheben und den Strudel aufrollen und mit Hilfe des Tuches auf das Blech geben. Oberfläche mit zerlassener Butter bestreichen und im auf 200 °C vorgeheizten Backofen etwa 1 Stunde backen. Etwas abkühlen lassen und nach Wunsch mit Puderzucker bestäuben.
Lanig-Tipp: Ausgezeichnet dazu schmeckt eine warme Vanillesauce oder Vanilleeis. Auf die gleiche Art können auch an Stelle von Äpfeln Birnen genommen werden. Bei uns im südlichsten Deutschland gehört der Strudel mit zum beliebtesten Kuchen, auch in Österreich und Südtirol ist der Apfelstrudel das Markenzeichen zur Kaffeezeit.

Schwäbischer Apfelkuchen

Zutaten

Mürbeteig, fertig gekauft oder selbst gemacht laut Rezept • 10 Äpfel, geschält, halbiert und von oben eingeschnitten • 300 g Quark • 3 Eigelb • 80 g Milch • 3 Eiweiß • 120 g Zucker • Vanillinzucker oder etwas Vanilleschotenmark • etwas Zitrone

Zubereitung

Quark, Eigelb, Milch, Vanillinzucker und Zitronensaft zusammen glatt rühren. Das Eiweiß mit dem Zucker zu Eierschnee schlagen und unter die Masse ziehen. Den Mürbeteig auf die gut eingefettete oder mit einem Backpapier ausgelegte Backform legen. Die halben, eingeschnittenen Äpfel darauf legen und die Masse darübergießen, so dass noch die Äpfel zu sehen sind. Bei 180 °C auf der unteren Schiene im vorgeheizten Backofen circa 20 Minuten backen.

Kirschkuchen

Zutaten

Mürbeteig • 1 kg Dose Sauerkirschen ohne Stein • 100 g Zucker • Mondamin • Streusel

Zubereitung

Kuchenform mit Mürbeteig auslegen. Den Saft der Sauerkirschen abgießen und auffangen und mit dem Zucker zusammen aufkochen. Mit Mondamin abbinden. Die Kirschen auf den Kuchenboden geben und mit den Streuseln abdecken.

Schwarzwälder Kirschtorte

Zutaten

1 gebackener Mürbeteigboden (circa 25 cm Durchmesser) • 1 Schokoladenbisquitboden • Konfitüre • etwas gehobelte Mandeln • 250 g geschlagene Sahne • 16 Griottine-Kirschen zum Dekorieren • Kuvertüre- oder Schokoladenraspel für die Kirschfüllung: 1600 g Sauerkirschen in der Dose mit Saft • 60 g Zucker • 2 cl Kirschwasser • 1 Msp Zimtpulver • 70 g Mondamin
für die Sahnefüllung: 375 g Crème Patisserie (kalte Vanillecrème) • 2 cl Kirschwasser • 5 weiße Gelatineblätter • 450 ml Sahne

Zubereitung

Die Kirschen aus der Dose nehmen und auf einem Sieb abtropfen lassen. Den Saft aufbehalten und in einen Topf geben. Den Zucker und den Zimt dazugeben. Alles zum Kochen bringen. Das Mondaminpulver in dem Kirschwasser auflösen und in die kochende Flüssigkeit gießen. Einige Male unter Rühren aufkochen lassen. Von der Kochplatte nehmen und die Kirschen untermischen. Im Kühlschrank 1/2 Stunde kalt stellen. Für die Sahnefüllung die Gelatine in reichlich kaltem Wasser einweichen, dann gut ausdrücken. Das Kirschwasser erhitzen und die gut ausgedrückten Gelatineblätter darin auflösen. Etwas abkühlen lassen. Dann unter die Crème Patisserie rühren und ein Drittel der geschlagenen Sahne unterheben.
In den Ring einer Springform den Mürbeteigboden legen und dünn mit Konfitüre bestrei-

chen. Den Schokoladenbisquit in vier gleichmäßige Scheiben schneiden und eine davon auf den Mürbeteig legen. Die Kirschen ringförmig darauf verteilen und mit einem kleinen Teil der Sahnecrème bedecken. Darauf erneut eine Scheibe Schokoladenbisquit legen und mit der Kirschwasser-Sahnecrème den Ring füllen. Kalt stellen. Die restlichen zwei Scheiben des Schokobisquits können anderweitig verwendet werden. Aus dem Ring nehmen, mit der steif geschlagenen Sahne rundherum den Rand einstreichen und in den gehobelten Mandeln kurz wenden.
Die andere Sahne in einen Spritzbeutel füllen und Rosetten auf die Torte spritzen. Mit den Kirschen garnieren und in die Mitte reichlich dunkle Kuvertüreraspeln verteilen

Rüeblikuchen

Zutaten
1 Springform von 26–28 cm Durchmesser • 20 g Butter • 20 g Mehl • 300 g Rüebli (Karotten) • 4–5 Eigelb • 150 g Zucker • 4 EL Wasser • 1/2 EL Zitronensaft • 1 Zitrone, nur Schale (Gelbes) davon • 5 Eiweiß • 200 g Haselnüsse, fein gerieben, oder Mandeln • 3 EL Mehl • 1 Portion Zuckerglasur • 150 g geröstete Mandelblättchen • Marzipankarotten für die Dekoration

Zubereitung
Boden und Rand der Springform mit weicher Butter ausstreichen. Mit einer feinen Mehlschicht bestäuben. Den Backofen auf 180–200 °C vorheizen. Die Karotten schälen und an der Bircherraffel roh reiben. Die Eier trennen, die Eiweiß kühl stellen. Eigelb, Zucker, Wasser und Zitronensaft in einer feuerfesten Schüssel im heißen Wasserbad schaumig rühren, bis die Masse hell und luftig wird. Herausnehmen und unter weiterem Rühren abkühlen lassen. Zitronenschalen beigeben. Die Eiweiße steif schlagen und locker mit den Karotten und den Nüssen mischen. In die vorbereitete Springform füllen. Glatt streichen und sofort auf zweitunterster Rille in den vorgeheizten Ofen schieben. 50 Minuten backen.
Die Torte aus dem Ofen nehmen, den Rand mit schmalem Messer sorgfältig lösen. Die Torte auf ein Tortengitter stürzen, so dass der Boden oben liegt. Auskühlen lassen. Die Zuckerglasur über den Tortenboden gießen, über den Rand laufen lassen und mit dem Spachtel verteilen. Den Rand mit Mandelblättchen bekleben oder nur mit der Glasur belassen. Nach Belieben mit den Marzipankarotten dekorieren.

Sacher Torte

Zutaten
1 Springform • 6 Eigelb • 6 Eiweiß • 140 g Zucker • 80 g Weizenpuder • 100 g Butter • 50 g Kakaopulver • 100 g geriebene Mandeln • 120 g Weißmehl • 1 TL Backpulver • Zimt • Zuckerglasur zum Beschriften •
für die Schokoglasur: 250 g Kuvertüre • 250 g Sahne. Gemeinsam im Wasserbad erwärmen.

Zubereitung
Eigelb mit 1/3 Zucker schaumig rühren. Butter mit 1/3 Zucker schaumig rühren. Eiweiß mit dem Restzucker zu steifem Schnee schlagen. Eigelbmasse unter die Buttermasse ziehen. Abwechselnd das gesiebte Mehl, den Eierschnee, Butter, Kakao, Mandeln, Backpulver darunterheben. Die Tortenmasse in die Form einfüllen. Bei circa 180 °C backen, circa 40 Minuten. Sorgfältig lösen, abkühlen lassen. Eventuell durchschneiden und mit wenig Konfitüre füllen. Glasieren der Torte, d. h. sie zuerst mit heißer Konfitüre ganz dünn bestreichen und etwas antrocknen lassen, dann mit der Lasur überziehen. Eventuell garnieren, beschreiben.

Käsesahnetorte

Zutaten
Mürbeteigboden fertig gebacken • Tortenboden circa 26 mm dick geschnitten (Wiener Boden) • 6 Eigelbe • 150 g Zucker • 500 g Quark • 20 g weiße Blattgelatine • 400 ml geschlagene Sahne für die Masse • 100 ml geschlagene Sahne für den Kuchen (was übrig bleibt für den Kaffee) • etwas Erdbeerkonfitüre zum Boden bestreichen • Puderzucker zum Bestäuben

Zubereitung
Die Eigelbe zusammen mit dem Zucker warm und kalt schlagen. Den Quark unter die Eigelbmasse ziehen. Die Gelatineblätter in Wasser einweichen, gut ausdrücken und im Wasserbad auflösen. Unter die geschlagene Sahne ziehen und unter die Masse heben.
Um den Mürbeteigboden einen 28 cm Ring legen. Den Boden mit der Konfitüre bestreichen, darauf den Tortenboden legen. Nun darauf die Quark/Sahne/Eigelbmasse geben. Ganz auskühlen lassen und darauf die geschlagene Sahne circa 1 cm dick auftragen. Mit einer Schicht Tortenboden bedecken, mit dem Puderzucker bestäuben.
Den Ring wegnehmen und den Rand ebenfalls mit Sahne einstreichen.

Zwetschgendatschi

Zutaten
1,2 kg Zwetschgen • 1 Mürbeteig • Bisquit- oder Semmelbrösel
für die Streusel: 30 g weiche Butter • 30 g Zucker • 30 g Mehl • 25 g gemahlene Mandeln • Mark von einer Vanilleschote • Schale von 1/2 Zitrone • 1 Prise Salz

Zubereitung
Zwetschgen waschen, oben und unten kreuzförmig einschneiden und entsteinen. Für die Streuselmasse die Zutaten zu einem Teig verkneten und so lange zwischen den Händen reiben, bis sie zu Streuseln in der gewünschten Konsistenz geworden sind. Diese zugedeckt im Kühlschrank kalt stellen.
Den Mürbeteig nochmals durchkneten und gleichmäßig entsprechend der Form ausrollen und in die eingebutterte Kuchenform legen. Mehrmals mit einer Gabel den Boden einstechen und mit den Biskuitbröseln bestreuen.
Zwetschgen mit der Öffnung nach oben in geschuppter Folge auf den Teig setzen. Zimt, den restlichen Zucker und die Streusel über die Früchte verteilen.
Den Kuchen auf der untersten Schiene im auf 180–220 °C vorgeheizten Backofen 35 Minuten backen.

Rezepte

Fruchtwähen nach Schweizer Art

Zutaten
Teig: Hefe-Wähenteig, Blätterteig (fertig zu kaufen)
Füllung: 1 kg Früchte
Eierguss: 3 Eier • 3 dl Milch oder halb Milch, halb Sahne • 1 1/2 EL Zucker • eventl. 1 Msp Zimt • 10 g Mehl • eventuell 50–100 g Quark

Zubereitung
Den Teig circa 3 mm dick auswallen. Das bebutterte Blech damit auslegen. Den Rand oben verdoppeln durch Einrollen, damit er beim Herausheben weniger bricht. Mit einer Gabel bestechen. Mit den Früchten nach Wunsch belegen.
Äpfel: in 1/2 bis 1 cm dicke Schnitze schneiden und den Wähenboden kranzartig, außen beginnend, dicht damit belegen. Mit Zucker bestreuen und den Eierguss darauf verteilen. Rhabarber: Die Stängel waschen, wenn nötig schälen, in circa 1 cm große Würfelchen schneiden, auf den Kuchenboden geben, den Eierguss und die Hälfte des Zuckers darüber verteilen. Nach 1/2 Stunde Backzeit den Rest des Zuckers darüberstreuen. Zwetschgen oder Aprikosen: Die Früchte waschen, halbieren, entsteinen und kranzartig dicht nebeneinander auf den Boden legen. Mit dem Zucker bestreuen und den Eierguss darüber verteilen.

Vanilleeis

Zutaten
für 1 Liter Eis: 2 dl Milch • 8 Eigelb • 3 EL Wasser • 125 g Puderzucker • 1 Vanilleschote, längs aufgeschnitten, schwarze Samen ausgeschabt • 3 dl Sahne

Zubereitung
Eigelbe, Puderzucker und Wasser in eine feuerfeste Schüssel geben. Diese übers heiße Wasserbad stellen und mit dem Stabmixer schaumig rühren. Die Masse soll dabei hell werden, sich vergrößern und eine dickliche Konsistenz bekommen. Aus dem Wasserbad nehmen und die Crème kalt rühren. In der Zwischenzeit die Milch mit dem Vanillesamen mischen und aufkochen. Etwas abkühlen lassen. Die Sahne dazugießen und die Eicrème mit der Vanillemilch mischen. Unter stetigem Rühren mit dem Kochlöffel zur Rose abkochen, (d.h. so lange ziehen lassen, bis sich beim Reinblasen auf der Oberfläche der Holzkelle wellenartige Linien bilden). Sofort aus der Pfanne nehmen und abkühlen lassen. In der Eismaschine gefrieren lassen.

Abends

Tafelspitz

Zutaten
800 g Rindfleisch Tafelspitz oder Hochrippe • 1 Zwiebel, besteckt mit Nelken und Lorbeerblatt • 1 Suppengemüse (Lauch, Karotten, Sellerie, Petersilie) • 1 Markbein • 1 Bouillonwürfel • 3 TL Salz

Zubereitung
2–3 Liter kaltes Wasser in einem Topf aufstellen. Die Zwiebeln, das Gemüse, Markbein und Bouillonwürfel dazugeben und alles zusammen aufkochen lassen. Nun das Rindfleisch dazugeben und abgedeckt eine Stunde leicht köcheln lassen. Den sich dabei bildenden Schaum mit einer Schaumkelle immer wieder abschöpfen. Je nach Größe des Fleischstückes noch circa 1/2 Stunde weiter köcheln lassen.
Lanig-Tipp: Die übrige Fleischbrühe erkalten lassen. Dabei die sich auf der Oberfläche bildende Fettschicht mit einem Löffel abheben. Diese entfettete Brühe kann für zahlreiche weitere Gerichte verwendet werden.

Maronencapuccino

Zutaten
für 4 Personen: 1 Zwiebel • 1/2 Karotte • 1/2 Sellerie • 1 Dose Maronenpüree • 300 ml Rinderbrühe • 60 g Sahne • Olivenöl

Zubereitung
Das Gemüse in feine Würfelchen schneiden und im Olivenöl anschwitzen. Mit dem Weißwein ablöschen, die Brühe hinzufügen und das Maronenpüree beigeben. Circa 20 Minuten köcheln lassen, nicht kochen. Mit dem Pürierstab mixen und durch ein Sieb abpassieren. Die Sahne halbfest schlagen. Die Maronensuppe in die vorgewärmten Gläser abfüllen und die Sahne wie bei einem Capuccino oben draufgeben.
Lanig-Tipp: Auf die gleiche Art und Weise machen wir auch die schwarze Bohnensuppe. Allerdings müssen die Bohnen mindestens 10 Stunden vorher eingeweicht werden. Wir geben dann etwas getrocknete Chilischoten für einen leicht scharfen Geschmack dazu.

Meerrettichschaumsüppchen mit Brotcroûtons

Zutaten
Butter • Zwiebeln • 1/4 Lauch • 1/4 Sellerieknolle • 1/2 Karotte • 4 EL frischer Meerrettich • etwas Mehl • 1 dl Weißwein • 1/4 l Rinderkraftbrühe • 6,5 dl Sahne • evtl. Sahnemeerrettich (Tube) • Salz • Pfeffer • Aromat

Zubereitung
Butter, Zwiebeln, Lauch, Sellerie, Karotten, frischen Meerrettich klein würfeln und in der Pfanne anschwitzen. Mit etwas Mehl bestäuben und mit Weißwein ablöschen. Ein wenig Rinderkraftbrühe und Sahne dazugießen. Umrühren und, wenn alles etwas gebunden hat, aufkochen lassen und abseihen. Auf keinen Fall mixen, sonst wird die Suppe bitter. Nach Geschmack mit Sahnemeerrettich (fertig in der Tube zu kaufen) verfeinern. Je nach Geschmack noch mit Salz, Pfeffer, Aromat und etwas frisch geriebenem Meerrettich abschmecken. Ganz nach Belieben kann auch noch etwas Sahne dazugegeben werden.
Lanig-Tipp Wer es mag kann oben auf einen Tupfer geschlagene Sahne und etwas frisch geriebenen Meerrettich geben.

Gazpacho – Kalte Tomatensuppe

Zutaten
800 g Tomaten, gehäutet und entkernt • 1/2 rote Paprika • 180 g Salatgurke, halbiert und entkernt • 1 dl heller Kalbsfond • 3 EL Rotwein • Salz • Pfeffer • Tabasco
für die Garnitur: klein geschnittene Brotwürfelchen, können auch in Butter geröstet sein • gelbe und grüne Peperoni • Gurke, entkernt • Zwiebeln
Alles in feine Würfelchen geschnitten und separat mit den Brotwürfelchen in einem Schälchen präsentiert.

Zubereitung
Alle Zutaten für die Suppe im Mixer sehr fein pürieren, durchpassieren und rassig abschmecken. Im Kühlschrank sehr gut durchkühlen. Die Suppe anrichten, mit Brot- und den Gemüsewürfelchen garnieren oder nach Belieben diese extra dazu reichen.

Rezepte

Allgäuer Graupensuppe

Zutaten
150 g Zwiebeln • 150 g Lauch • 100 g Karotten • 50 g Sellerie • 60 g Rohschinken • 60 g Speck • 20 g Butter • 100 g grobe Rollgerste • 3 l Hühnerbouillon • 300 ml Sahne • 3 Eigelb • Salz und Pfeffer aus der Mühle

Zubereitung
Die Zwiebeln hacken, Lauch, Karotten, Sellerie, Rohschinken und Speck in feine Würfelchen schneiden und alles zusammen in der Butter andünsten. Die Gerste beifügen und mitdünsten. Mit Salz und Pfeffer abschmecken. Mit der Bouillon auffüllen und die Suppe etwa 1 1/2 Stunden sieden lassen. Die Sahne mit den Eigelben vermischen und die Suppe damit binden. Nochmals abschmecken.

Zwiebelsuppe überbacken

Zutaten
für 6 Personen: 150 g Zwiebeln, in Ringe geschnitten • 50 g Butter • 1 EL Mehl • 1 1/2 l Fleischbrühe • 6 dünne Scheiben Weißbrot • 100 g frisch geriebenen Käse (Gruyère oder Bergkäse) • Salz • Pfeffer aus der Mühle

Zubereitung
Die Butter in einem Kochtopf zerlassen, die Zwiebeln hineingeben und bei schwacher Hitze in etwa 10 Minuten weich schmoren, nicht bräunen lassen. Das Mehl darüberstäuben, die Fleischbrühe dazugießen, salzen und pfeffern. Die Suppe zugedeckt etwa 15 Minuten bei mittlerer Hitze köcheln lassen. Den Backofen auf 220 °C vorheizen. Die Brotscheiben ohne Fett in einer Pfanne rösten. In feuerfeste Suppentassen legen und mit der Suppe auffüllen. Mit dem Käse bestreuen und auf der mittleren Schiene des Backofens circa 5–7 Minuten überbacken.

Pastateig für Ravioli

Zutaten
für den weißen Pastateig: 180 g Mehl • 50 g Hartweizengrieß • 2 Eier • 1/2 TL Salz • 1 EL Öl
grüner Pastateig: 100 g blanchierten Blattspinat püriert und mit einem Ei vermischt dazugeben
schwarzer Pastateig: 6 g Seppiatine dazugeben
gelber Pastateig: 2 Eier dazugeben
Vollwert-Pastateig: 90 g Mehl • 90 g Vollwertmehl

Zubereitung
Pastateig: Das Mehl auf ein Brett sieben, den Hartweizengrieß dazugeben und in die Mitte eine Vertiefung drücken. Die Eier, das Öl, das Salz und – für den jeweiligen Teig – die entsprechenden Zutaten einrühren. Anschließend alles zu einem glatten, geschmeidigen Teig verarbeiten. Bei Bedarf 1 EL Wasser hinzufügen. Den Teig zugedeckt circa 1 Stunde ruhen lassen.
Lanig-Tipp: Der Fantasie sind kaum Grenzen gesetzt, auch rote, grüne, gelbe Peperoni, rote Bete, Brennnesseln oder Kürbis können dem Pastateig Farbe geben. Oder dem Teig spezielle Aromen wie Steinpilz, Trüffel, Bärlauch etc. beigeben.

Gedämpftes Ratatouille

Zutaten
für 4–6 Personen: 1–2 Auberginen • 2 Zucchini • 4 frische Tomaten, geschält • 1 Zwiebel, fein gehackt • 1 Knoblauchzehe, fein gehackt • 1 EL Olivenöl • 1 dl guten Rotwein • 2 dl Fleischbrühe • 1 Zweig frischen Thymian, Blättchen abgestreift • etwas Rosmarin, Nadeln fein gehackt • Meersalz und Pfeffer • 3 EL Olivenöl

Zubereitung
Gemüse waschen und zurüsten. Auberginen und Zucchini in Würfel schneiden. Tomaten in kochendes Wasser tauchen, kalt überbrausen, die Haut abziehen und in Sechstel schneiden. Zwiebel und Knoblauch im Olivenöl andämpfen. Die Gemüse zufügen und erhitzen, bis sie zusammenfallen. Mit dem Rotwein ablöschen und diesen eindampfen lassen. Brühe dazugießen und die grob gehackten Kräuter über die Gemüse streuen. Ohne Deckel bei mittlerer Hitze rund 50 Minuten leise kochen lassen, bis das Gemüse knapp weich und die verbleibende Flüssigkeit dicklich wird. Mit Salz, Pfeffer abschmecken und anrichten. Achtung: Das Gemüse sollte noch leichten Biss haben.

Rotweinsauce

Zutaten
20 g Butter • 1 Schalotte • 5 Pfefferkörner • 150 g Rotwein • 300 g Demiglace

Zubereitung
In der ausgelassenen Butter die Zwiebelwürfel und Pfefferkörner anschwitzen. Mit dem Rotwein auffüllen und einreduzieren lassen. Dann mit der Demiglace auffüllen, gut durchkochen und entweder so belassen oder passieren. Eventuell noch mit 20 g Butter aufmontieren.

Desserts

Rote Grütze nach Lanig-Art

Zutaten
7 dl Fruchtsaft • 150 g Zucker • 1 EL Mondamin • wenig kaltes Wasser • 500 g gemischte Beeren, z. B. Himbeeren, Brombeeren, Blaubeeren, Heidelbeeren • frische Beeren zum Garnieren

Zubereitung
Die Beeren waschen und rüsten. Den Saft mit dem Zucker aufkochen, die Beeren darunterheben, mit dem Mondamin abbinden und vom Herd nehmen, anschließend durch ein Sieb passieren. Die gemischten Beeren in eine Schüssel oder Schüsselchen geben. Diese mit Klarsichtfolie abdecken. Die rote Grütze erkalten lassen. Mit auf die Seite gelegten frischen Beeren ausgarnieren.
Lanig-Tipp: Sie können auch tiefgefrorene Beeren nehmen, z. B. Waldbeerenmischung.

Gebrannte Crème

Zutaten
140 ml Milch • 380 ml Sahne • 2–3 EL Zucker • 5 Eigelb • 1/2 Vanilleschote, Mark auskratzen • braunen Zucker zum Bestreuen

Zubereitung
Milch, Sahne, Zucker, Eigelb und das Mark der Vanilleschote in eine Schüssel geben und verrühren. Darauf achten, dass die Masse nicht zu schaumig wird. Diese dann etwa 1 Stunde ruhen lassen, dann durch ein feines Haarsieb streichen und in ofenfeste Förmchen füllen. Auch hierbei darf sich kein Schaum auf der Oberfläche bilden.
Eine Kasserole mit 4 mm dickem Karton oder einigen Lagen Zeitungspapier auslegen, die

Rezepte

Förmchen hineinstellen und so viel Wasser angießen, dass die Förmchen zu einem Drittel im Wasserbad stehen. Die Crème nun circa 90 Minuten im auf 100 °C vorgeheizten Backofen pochieren, dann rausnehmen, abkühlen lassen. Vor dem Servieren die Crème mit braunem Zucker bestreuen und bei starker Oberhitze oder Grill im Ofen gratinieren, bis der Zucker karamellisiert ist.

Lanig-Tipp: In Spanien heißt die Crème „Crema catalana". Die gebrannte Crème wird am besten mindestens einen Tag im Voraus gemacht, dass sie richtig auskühlen kann.

Bayerische Crème

Zutaten

500 ml Milch • 1 Prise Salz • 1 Vanilleschote • 4 Eigelb • 100 g Zucker • 20 g weiße Gelatine • 250 ml Sahne

Zubereitung

Die Milch zusammen mit dem Salz und der gequetschten Vanilleschote zum Kochen bringen und vom Herd nehmen. Die Eigelbe schaumig schlagen, dabei langsam den Zucker einstreuen und weiterschlagen, bis die Masse weiß-schaumig und der Zucker aufgelöst ist. Nach und nach die heiße Vanillemilch (ohne Schote) untermischen und bei sehr schwacher Hitze rühren, bis sie leicht eingedickt ist. Auf keinen Fall kochen, sonst gerinnt sie. Die eingeweichte Gelatine darin auflösen, die Masse durch ein Spitzsieb gießen und im kalten Wasserbad weiterrühren, bis sie abgekühlt und cremig ist. Die Sahne steif schlagen, locker unter die Crème geben, bevor diese fest wird. Die Bayerische Crème in eine kalt ausgespülte Form füllen, die Crème soll noch so weich sein, dass sie die Form des Gefäßes annimmt und dadurch beim Stürzen glatt ist. Im Kühlschrank über Nacht fest werden lassen. Beim Anrichten die Form kurz in heißes Wasser tauchen, eventuell mit einem Dessertmesser sorgfältig den Rand noch etwas lösen, dann auf die Platte stürzen. Garnieren mit Früchten, Nüssen usw.

Lanig-Tipp: Zum Verfeinern vorbereitete Zutaten beigeben wie z. B. kandierte Früchte, Likör etc.

Omelette Surprise

Zutaten

5 Sorten Eiscrème à 1 Liter • Pistazien-Eiscrème • Erdbeercrème Eis-Sorbet • Vanilleeis • Bananeneis • Cassis-Fruchteis • 1 Bisquit-Boden (kann fertig gekauft werden oder selbst gemacht sein) • 4 cl Grand Marnier • 7 Eiweiß • 250–300 g Zucker • Beeren und frisches Obst zum Garnieren

Zubereitung

Eine runde oder ovale Form oder Schüssel nehmen. Immer eine Sorte Eis darin an die Wand circa 3 cm dick drücken, dann die nächste Eissorte darauf und so fort, bis man eine ausgefüllte Eisform hat. Diese mindestens 1 1/2 Stunden in den Tiefkühlschrank oder das Tiefkühlfach stellen. Rausnehmen. Die Form kurz ins heiße Wasser stellen, so lässt sich das Eis besser rausnehmen. Die Form stürzen. Den Bisquitboden 1 cm dick auf das Eis legen und fest andrücken. Mit Grand Marnier rundum beträufeln. Wer keinen Alkohol mag, kann auch frisch gepressten Orangensaft nehmen. In der Zwischenzeit die Eiweiße zu einem festen Eierschnee schlagen und Zucker langsam dazugeben, bis eine feste Eierschneemasse entsteht. Einen Spritzbeutel mit Eierschnee füllen und den anderen Schnee mit dem Messer auf die Eisbombe glatt, circa 2–3 cm dick streichen. Mit dem Spritzbeutel nach Belieben die Eisbombe mit Muster ausgarnieren. Sie können dabei Ornamente, Geburtsdaten, Landschaften spritzen, ganz wie Sie es brauchen. Im vorgeheizten Grill, nur Oberhitze, circa 2–3 Minuten abflammen, bis das Eiweiß goldgelb bis braun ist. Vorsicht, der Eierschnee wird schnell dunkel und verbrennt. Dabei bleiben! Mit den Beeren und dem frischen Obst garnieren.

Lanig-Tipp: Wir nehmen einen Bunsenbrenner.

Mousse au chocolat

Zutaten

für 4 Personen: 4 Eigelb • 2 Eier • 100 g Milchschokolade und 200 g dunkle Schokolade oder 300 g Kuvertüre • 500 g geschlagene Sahne

Zubereitung

Die Schokolade oder Kuvertüre mit dem Messer zerkleinern oder grob raspeln. Bei sehr schwacher Hitze im Wasserbad zum Schmelzen bringen. Eigelb und Vollei warm und kalt aufschlagen. Die geschlagene Sahne darunterziehen, am Schluss die flüssige Kuvertüre darunterziehen. Die Mousse auf Portionsschälchen verteilen und servieren.

Lanig-Tipp: Nach Geschmack die Mousse mit Schokoladenraspeln und Schlagsahne verzieren und in das Eigelb etwas Rum oder Grand Marnier beigeben.

Weihnachten

Mandelmakrönli

Zutaten

für circa 35 Stück: 250–300 g Mandeln, geschält und fein gerieben • Mandeln zum Bestecken der Makrönli aufbehalten • 3 Eiweiße, zu Schnee geschlagen • 200–250 g Zucker

Zubereitung

Die Eiweiße zuerst halb steif, dann zu sehr steifem Schnee schlagen unter langsamem Beifügen von 2/3 des Zuckers, zuletzt den übrigen Zucker darunterziehen. Von den Mandeln nach und nach sorgfältig so viel daruntermischen, bis die Masse noch etwas feucht, aber nicht mehr klebrig ist. Wenn die Masse zu feucht ist, 1 EL Grieß beigeben, sonst fließen die Makrönli beim Backen zu stark auseinander. Von dem Teig mit der Hand oder mit 2 Teelöffeln Häufchen auf ein gefettetes Backblech setzen, Abstand circa 3–4 cm. Jedes mit einer geschälten Mandel bestecken. Backen in Mittelhitze (130–150 °C) circa 20–30 Minuten. Makrönli sollen etwas aufgehen und außen fest, innen jedoch noch weich sein. Sofort vom Blech lösen.

Rezepte

Mailänderli

Zutaten
für 40–60 Stück: 250 g Weißmehl • 125 g Zucker • 1 Ei • 125 g Butter • Zitronenschale, abgerieben • 1–2 Eigelb zum Bestreichen (mit etwas Zucker mischen) • Formen zum Ausstechen

Zubereitung
Die Butter mit einer Schaumkelle schaumig rühren an leichter Wärme, bis sie weich, d. h. schaumig ist. Zucker, Ei und Zitronenschale beigeben. Zuletzt das Mehl dazusieben und alles schnell zu einem Teig verarbeiten. Nicht zu lange kneten, sondern gleich kleine Stücke circa 1 cm dick auswallen. Achtung: Der Butterteig darf nicht hart werden, sonst kann er nicht mehr ausgewallt werden. Mit den Förmchen Herzen, Sterne usw. die Mailänderli ausstechen und mit Eigelb bestreichen. Auf ein Backblech legen. In Mittelhitze gelbbraun backen. Der Ofen darf nicht zu heiß sein, da die Mailänderli noch etwas aufgehen sollten. Wenn der Teig zu dünn ausgewallt ist, werden die Mailänderli hart.

Kokosmakronen

Zutaten
250 g Zucker • 4 Eiweiß • 250 g Kokosflocken

Zubereitung
Eiweiß und Zucker zu Eierschnee schlagen, die Kokosflocken dazugeben und alles leicht darunterheben. Die Masse mit einem Löffelchen als kleine Häufchen auf ein vorgefettetes, leicht bemehltes Backblech geben. Bei mittlerer Hitze circa 5–10 Minuten backen. Die Masse muss innen noch feucht sein.

Anisplätzchen

Zutaten
für 60–80 Stück: 4 Eier • 1 Prise Salz • 300 g Puderzucker • 1/2 Stange ausgeschabte Vanilleschote • circa 3 TL gemahlenen Anis • 200 g Mehl • 100 g Monamin

Zubereitung
Eier, Zucker und die abgeriebene Zitronenschale zusammen sehr gut mit dem Handrührer mindestens 10–15 Minuten schaumig rühren. Das Mehl dazusieben und Anis, das Vanillemark und das Mondamin beifügen. Die Masse in einen Spritzbeutel mit kleiner Lochtülle füllen und kleine Plätzchen auf das gefettete Blech aufspritzen. Über Nacht in einem warmen Raum stehen lassen. Am folgenden Tag mit schwacher Unterhitze circa 20 Minuten backen.
Lanig-Tipp: In der Schweiz wird 400 g Mehl genommen und ein Konfektteig geknetet. Diesen zu fingerdicken Rollen formen und aus diesen 4–5 cm lange Stückchen schräg abschneiden und diese auf einer Seite zwei- bis dreimal schräg einkerben und dann leicht gebogen auf das Backblech setzen: „Badener Kräbeli". Die Kräbeli sollten unten ein so genanntes Füßchen bekommen und oben weißlich gelb aussehen. Mit der gleichen Masse, allerdings circa 350–450 g Mehl, können Sie auch „Springerli" backen. Den Teig gut 1 cm dick auswallen und mit dem speziellen Holzmodel den Teig leicht eindrücken und die Formen möglichst exakt ausschneiden.

Vanillekipferl

Zutaten
für circa 60 Stück: für den Mürbeteig: 180 g Mehl • je 100 g gemahlene Mandeln und Haselnüsse • 70 g Zucker • 200 g Butter oder Margarine • 1 Eigelb • 1 Ei • zum Bestreuen: 5 Päckchen Vanillezucker • 50 g Zucker

Zubereitung
Aus Mehl, gemahlenen Mandeln und Nüssen, Zucker, Fett und Eiern mit dem Knethaken des elektrischen Handrührgerätes einen Mürbeteig bereiten. Teig circa 1/2 Stunde kalt stellen. Aus dem Teig daumendicke Rollen formen und davon jeweils 3–4 cm lange Stücke abschneiden. Zum Kipferl formen und auf ein mit Backpapier belegtes Backblech legen. Im vorgeheizten Backofen bei 190 °C circa 10–15 Minuten goldbraun backen. Vom Blech nehmen und noch heiß in einem Gemisch aus Vanille- und Zucker wälzen.

Spitzbuben

Zutaten
für 80–100 Stück: 150 g Mehl • 300 g Butter oder Margarine • 125 g Zucker • 1–2 Eigelb • abgeriebene Zitronenschale • 1 Tasse Johannisbeergelee oder eine Konfitüre nach Wunsch • 125 g geriebene Mandeln • Puderzucker

Zubereitung
Das Mehl in eine Schüssel sieben. Den Zucker und die in kleine Stückchen geschnittene Butter oder Margarine dazugeben. Alles zusammen von Hand leicht zu einem Mürbteig kneten. Das verklopfte Eigelb, die Mandeln und die abgeriebene Zitronenschale unter Rühren dazugeben und den Teig leicht zusammenkneten. An der Kälte mind. 20 Minuten ruhen lassen, noch besser über Nacht. Den Teig auf einer leicht bemehlten Arbeitsfläche 2–3 mm dick auswallen. Mit einer runden Form Teigkreise von 4 cm ausstechen. Mit einem kleinen runden Ausstecher (Tülle) in die zweite Hälfte der Teigkreise drei Löcher ausstechen. Beides getrennt bei guter Mittelhitze circa 20 Minuten backen. Untere Hälfte nach dem Backen leicht abkühlen lassen. Mit dem Gelee bestreichen, die gelochten Teile mit Puderzucker bestreuen. Diese dann vorsichtig mit einem flachen Messer oder Palette auf die Teigkreise legen.

Grundrezepte

Fleischjus

Zutaten
Kalbs- oder Rinderjus • 1 kg zerkleinerte Kalbs- oder Rindsparüren • 1 kg gewässerte Knochen, in nussgroße Stücke gehackt • 40 ml Öl zum Anbraten 200 ml Rotwein • 100 ml weißer Portwein • 3 l hellen Kalbsfond • 2 Karotten, grob gewürfelt • 100 g Knollensellerie, grob gewürfelt • 2 weiße Zwiebeln • 1 EL Tomatenmark • 1 Thymianzweig • einige Stängel Petersilie • 1/2 TL Pfefferkörner, grob zerstoßen • 3 Wachholderbeeren, grob zerstoßen • eventuell etwas Mondamin zum Abbinden

Zubereitung
Die Parüren und Knochen blanchieren und abtropfen lassen, dann in heißem Öl kräftig anbraten oder in einem Bräter im Ofen anrösten. Das gewürfelte Gemüse zufügen und anbräunen. Das Tomatenmark dazugeben und kurz andünsten, Vorsicht, dass es nicht anbrennt. Mit dem Portwein und dem Weißwein ablöschen und die Flüssigkeit fast ganz einkochen. Den Kalbsfond zugießen, zum Kochen bringen und abschäumen. Die Kräuter und Gewürze zufügen. Mit 1–2 Liter Wasser aufgießen, dass alles gut bedeckt ist. Bei milder Hitze 2 Stunden kochen, immer wieder abschäumen und entfetten. Zum Schluss die Sauce zuerst durch ein grobes, dann durch ein feines Sieb passieren. Mit Salz und Pfeffer abschmecken. Wenn zu dünn, das Jus mit etwas Mondamin abbinden.

Mürbeteig

Zutaten
500 g gesiebtes Mehl • 200 g Butter • 4 Eier • 100 ml Milch • 10 g Salz • abgeriebene Schale von 1 Zitrone

Zubereitung
Alle Zutaten miteinander rasch zu einem Teig verarbeiten. Den Teig zur Kugel formen und vor der Weiterverarbeitung zugedeckt etwa 1 Stunde kühl gestellt ruhen lassen.

Was Sie noch wissen sollten:
Mengenangaben

g	Gramm
kg	Kilogramm
dl	Deziliter
cl	Centiliter
ml	Milliliter
EL	Esslöffel
TL	Teelöffel
Msp	Messerspitze
1 Prise	so viel wie Sie zwischen Daumen und Zeigefinger fassen können
°C	Grad Celsius

Da die Autorin Schweizerin, haben wir bewusst teilweise die Schweizer Schreibweise wie dl, rüsten etc. verwendet.

Verzeichnis der Rezepte

Morgens

- 26 Konfitüren und Gelees selbstgemacht
- 28 Spiegeleier und Omelettes nach Art des Hauses
- 30 Das echte Schweizer Birchermüesli
- 32 Gebackene Osterlämmchen und Zopfspezialitäten
- 34 Waffeln mit Honig oder Beerenmus
- 46 Lanigs hausgemachtes Krustenbrot mit Nüssen

Mittags

- 56 Junger bunter Sommersalat
- 56 Mesclun mit Balsamico-Dressing
- 58 Salate … Romana-Salat mit Crevetten
- 60 Pinzimonio, Crudité, Gemüserohkost mit Dips
- 62 Tomaten-Mozzarella-Terrine mit Basilikum-Pesto
- 64 Rindsfilet-Carpaccio mit Steinpilzen und Parmesan
- 66 Das Allgäuer Leibgericht – die Kässpatzen
- 68 Rosen von Räucherlachs mit Kartoffelrösti
- 70 Clubsandwich mit Hähnchenbrust und Speck
- 72 Lasagne mit frischen Steinpilzen
- 74 Opa Lanigs Farci-Gemüse
- 76 Gefüllter Pfannkuchen mit Blaubeeren
- 78 Melonen mit Eisenkraut-Sorbeteis

Nachmittags

- 92 Süße Verführung: hausgemachte Kuchen
- 94 Fruchtsorbets und Eiscafé
- 96 Abgewandeltes Gargouillou nach Michel Bras
- 98 Erdbeersuppe mit Basilikum und Eis

Abends

- 114 Flusskrebse mit Knoblauch und Salaten
- 116 Hausgemachte Tafelspitzterrine mit Gemüse
- 118 Scampi im Strudelsack
- 120 Allgäuer Maultaschen in klarer Brühe
- 122 Kürbis-Crèmesuppe mit frischem Ingwer
- 124 Riesen-Ravioli mit Füllung aus Steinpilzen
- 126 Risotto auf verschiedene Arten
- 128 Mit Quark und Käse gefüllte Tomaten
- 130 Tomatensorbet im Zucchinikorb
- 132 Enziansorbet als Zwischengang
- 134 Frisches Zanderfilet in der Schwanfolie mit Gemüse
- 136 Bauernhof-Perlhuhn mit Koriander
- 138 Lammrücken mit Kräutern im Heubett
- 140 Rindsfilet in der Kräuterkruste auf Saucenspiegel
- 142 Kartoffelgratin Gratin dauphinois
- 144 Prime Rib vom Allgäuer Weideochsen
- 146 Spanferkelrücken mit Kartoffelstrudel und Wirsing
- 148 Frische Felchen im Ofen auf Gemüse gebraten
- 150 Spanische Paella Royale mit Meeresfrüchten
- 152 Tournedos vom Grill auf jungen Sommergemüsen
- 154 Gebratene Gamskeule auf provençalische Art
- 156 Gefüllte Gans an Kirchweih und Weihnachten

Desserts

- 170 Dessertvariationen mit Schokomuffins
- 172 Karamellköpfli
- 174 Crêpe Suzette – Silvia Lanigs Lieblingsdessert
- 176 Sushi mit Bananen-Milchshake und Milchreis
- 178 Geeiste Zitronencrème mit Himbeeren
- 180 Millefeuilles mit Erdbeermousse
- 182 Granité von Rosa Grapefruit oder Pfirsich
- 184 Apfelgelee mit Enzian und Beeren im Raureif
- 186 Weihnachtsplätzle und Lebkuchenherzen

- 194 Sylvain Etievants Menü

Rezepte

- 216 Kirschenkonfitüre à la Verveine (Eisenkraut)
- 216 Zwetschgenkonfitüre mit Rohrzucker vom Blech
- 216 Himbeer-Erdbeergelee mit Äpfeln
- 216 Pfirsichkonfitüre
- 216 Aprikosen-Vanille-Konfitüre
- 216 Süßer Hefezopf
- 217 Spaghetti mit Pesto
- 217 Spaghetti mit Tomatensauce
- 217 Nusszopf
- 217 Schweizer Butterzopf
- 217 Spaghetti-Variationen
- 218 Spaghetti mit Aglio, Olio, Peperoncino
- 218 Spaghetti mit Champignon-Rahmsauce
- 218 Highlights: Unsere Salate
- 218 Salatsaucen und Dips

Rezepte von A–Z

218	Silvias Spaghetti Provençale	
219	Pfifferlingsalat	
219	Carpaccio von Tomaten mit Ziegenkäse	
219	Rindercarpaccio mariniert	
219	Rucolasalat mit Speck und Bergkäse	
220	Schwarzwälder Kirschtorte	
220	Gedeckter Apfelkuchen	
220	Schwäbischer Apfelkuchen	
220	Apfelstrudel	
220	Kirschkuchen	
221	Zwetschgendatschi	
221	Käsesahnetorte	
221	Rüeblikuchen	
221	Sacher Torte	
222	Fruchtwähen nach Schweizer Art	
222	Vanilleeis	
222	Tafelspitz	
222	Maronencapuccino	
222	Meerrettichschaumsüppchen	
222	Gazpacho – Kalte Tomatensuppe	
223	Rote Grütze nach Lanig-Art	
223	Gebrannte Crème	
223	Zwiebelsuppe überbacken	
223	Rotweinsauce	
223	Gedämpftes Ratatouille	
223	Pastateig für Ravioli	
223	Allgäuer Graupensuppe	
224	Mousse au chocolat	
224	Omelette Surprise	
224	Bayerische Crème	
224	Mandelmakrönli	
225	Mailänderli	
225	Vanillekipferl	
225	Spitzbuben	
225	Kokosmakronen	
225	Anisplätzchen	
225	Grundrezepte: Rinderjus, Mürbeteig	
225	französische Rezepte von Sylvain Etievant	

A

Allgäuer Graupensuppe	223
Allgäuer Maultaschensuppe	120
Anisplätzchen	225
Apfelgelee mit Enzian und Beeren im Raureif	184
Apfelkuchen, gedeckt	220
Apfelkuchen, schwäbisch	220
Apfelstrudel	220
Aprikosen-Vanille-Konfitüre	216

B

Bauernhof-Perlhuhn mit Koriander	136
Bayerische Crème	224

C

Carpaccio von Tomaten mit Bärlauch-Ziegenkäse	219
Clubsandwich mit Hähnchenbrust und Speck	70
Crêpe Suzette	174

E

Enziansorbet als Zwischengang	132
Erdbeersuppe mit Basilikum und Eis	98

F

Felchen im Ofen auf Gemüse gebraten	148
Flusskrebse mit Knoblauch und Salaten	114
Fruchtsorbets und Eiscafé	94
Fruchtwähen nach Schweizer Art	222

G

Gargouillou nach Michel Bras	96
Gebrannte Crème	223
Gebratene Gamskeule mit Rosmarin und Lavendel	154
Gefüllte Gans	156
Gemüserohkost (Pinzimonio, Crudité)	60
Granité von Rosa Grapefruit oder Pfirsich	182

H

Hefezopf	216
Himbeer-Erdbeergelee mit Äpfeln	216

K

Karamellköpfli	172
Kartoffelgratin Gratin dauphinois	142
Käsesahnetorte	221
Kässpatzen	66
Kirschenkonfitüre à la Verveine (Eisenkraut)	216
Kirschkuchen	220

Kokosmakronen	225
Konfitüren und Gelees selbstgemacht	26
Krustenbrot mit Nüssen	46
Kürbis-Crèmesuppe mit frischem Ingwer	122
L	
Lammrücken mit Kräutern im Heubett	138
Lasagne mit frischen Steinpilzen	72
M	
Mailänderli	225
Mandelmakrönli	224
Maronencapuccino	222
Meerrettichschaumsüppchen	222
Melonen mit Eisenkraut-Sorbeteis	78
Mesclun mit Balsamico-Dressing	56
Millefeuilles mit Erdbeermousse	180
Mousse au chocolat	224
N	
Nusszopf	217
O	
Omelette Surprise	224
Opa Lanigs Farci-Gemüse	74
Osterlämmchen und Zopfspezialitäten	32
P	
Pastateig für Ravioli	223
Pfannkuchen mit Blaubeeren	76
Pfifferlingsalat	219
Pfirsichkonfitüre	216
R	
Ratatouille, gedämpft	223
Rindercarpaccio, mariniert	219
Rindsfilet in der Kräuterkruste	140
Rindsfilet-Carpaccio mit Steinpilzen	64
Prime Rib vom Allgäuer Weideochsen	144
Räucherlachs-Rosen mit Kartoffelrösti	68
Riesen-Ravioli mit Steinpilzen und Mangold	124
Risotto auf verschiedene Arten	126
Romana-Salat mit Crevetten	58
Rote Grütze nach Lanig-Art	223
Rotweinsauce	223
Rucolasalat mit Speck und Bergkäse	219
Rüeblikuchen	221
S	
Sacher Torte	221
Salatsaucen und Dips	218
Scampi im Strudelsack	118
Schokomuffins	170
Schweizer Birchermüesli	30
Schwarzwälder Kirschtorte	220
Schweizer Butterzopf	217
Silvias Spaghetti Provençale mit Cipolata	218
Sommersalat	56
Spaghetti mit Aglio, Olio, Peperoncino	218
Spaghetti mit Champignon-Rahmsauce	218
Spaghetti mit Pesto	217
Spaghetti mit Tomatensauce	217
Spaghetti-Variationen	217
Spanferkelrücken mit Kartoffelstrudel	146
Spanische Paella Royale mit Meeresfrüchten	150
Spiegeleier und Omelettes nach Art des Hauses	28
Spitzbuben	225
Sushi mit Bananen-Milchshake und Milchreis	176
Sylvain Etievants Menü	194
T	
Tafelspitz	222
Tafelspitzterrine mit Gemüse	116
Tomaten, gefüllt, auf provençalische Art	128
Tomaten-Mozzarella-Terrine	62
Tomatensorbet im Zucchinikorb	130
Tomatensuppe, kalt (Gazpacho)	222
Tournedos vom Grill	152
V	
Vanilleeis	222
Vanillekipferl	225
W	
Waffeln mit Honig oder Beerenmus	34
Weihnachtsplätzle und Lebkuchenherzen	186
Z	
Zanderfilet in der Schwanfolie mit Gemüse	134
Zitronencrème, geeist, mit Himbeeren	178
Zwetschgendatschi	221
Zwetschgenkonfitüre mit Rohrzucker vom Blech	216
Zwiebelsuppe überbacken	223

Rezepte

Sylvain Etievants Menu

Sardines farcies «Niçoise»

Ingrédients principaux

pour 4 personnes: 400 grs de sardines • 200 grs de pain de mie carré • 100 grs de blettes • 1/4 de litre de crème • 50 grs de tomates confites • 1 gousse d'ail • Cerfeuil • Persil • Basilic • Huile d'olive • 1 oeuf • Fromage rapé • Sel et poivre
Ingrédients de la garniture ou de la sauce: 1 tomate émondée et coupée en grosse julienne • 2 gousses d'ail en copeaux • 30 grs de mesclun
Pour l'anchoïade: 2 filets d'anchois salés • 1 dl d'huile d'olive • 1 cuillère à café de vinaigre de Xérès
Ustensiles de préparation et de présentation: 1 plat de cuisson en terre • 1 couteau • 1 saladier • 1 cuillère • 1 fourchette • 1 spatule en bois

Progression de la recette

Nettoyer les sardines. Les débarrasser des arêtes, mais garder la tête. Bien les sécher. Saler et poivrer.
Préparation de la farce: Tremper le pain de mie dans la crème. Ajouter une gousse d'ail. Ecraser avec la fourchette. Hacher les blettes et concasser à cru cerfeuil, persil, basilic. Mélanger le parmesan avec l'oeuf, l'huile d'olive, le sel et le poivre. Mélanger toutes les préparations.
Disposer la sardine déjà salée et poivrée le ventre en l'air. Faire au dessus un petit tas de farce et replier la queue dans la gorge de la sardine.
Huiler le plat et y placer les sardines. Ajouter la grosse julienne de tomate et l'ail coupé en copeaux fins. Cuire au four à 180°C pendant 8 minutes. Faire fondre 2 filets d'anchois dans l'huile d'olive et le vinaigre de Xérès. Mélanger.
Servir la sardine chaude avec une salade assaisonnée à l'anchoïade.

Scampi marinés, en salade de fruits de mer

Ingrédients principaux

pour 4 personnes: 8 scampi • 200 grs moules • 200 grs palourdes grises • 200 grs calamars • 800 grs de palourdes grises • 10 grs d'olives noires dénoyautées • 2 échalotes • 1 branche de fenouil • 1 dl de vin blanc • 15 grains de poivre • 1 branche de persil plat • 1 branche de thym • 1 orange
Ingrédients de la garniture ou de la sauce : 1 salade ice berg • 150 grs de roquette sauvage • 200 grs de haricots cocos du Val Nervia • 2 tomates romaines • 2 gousses d'ail • 1 branche de thym • 4 rouelles de citrons du pays • 1 jus de citron • 8 dl d'huile d'olive • 1 branche d'estragon • sel de guérande et poivre du moulin

Progression de la recette

Dégorger les palourdes dans de l'eau claire courant durant une matinée. Nettoyer les calamars. Décortiquer les scampi, réserver les queues au frais. Dans une russe chaude, revenir les têtes vivement, les écraser, ajouter les échalotes émincées, les tomates en quartier, laisser compoter à feu doux. Verser le vin blanc, le réduire, mouiller d'eau à hauteur. Cuire 15 mn, mixer puis passer au chinois étamine. Donner une ébullition, ajouter un trait de jus de citron, une cuillère d'huile d'olive, mixer afin d'avoir une sauce très lisse.
Ecosser les cocos, les cuire à l'eau avec la garniture aromatique et une cuillère à soupe d'huile d'olive. Saler en fin de cuisson. Monder les tomates, les ouvrir en quatre dans le sens de la hauteur, retirer les pépins.
Cuire les moules et les palourdes avec les échalotes l'ail le vin blanc, ajouter les grains de poivre noir et des zestes d'orange
Trier la roquette, la laver puis l'essorer.
Poêler les scampi avec les calamars taillés en petits carré de 4 cm (juste 30 secondes), ouvrir les sampi en deux les faire mariner avec les coquillages et les calamars dans le jus de crustacé
Finition : Dresser sur une grande assiette ronde dans un cercle une tranche de salade ice berg. disposer dessus le mélange de coquillage avec les haricots coco les pétales de tomate les feuilles de riquette. Finir avec les feuilles d'estragon frites.

Saint-Pierre en filet grillé

Ingrédients principaux

pour 4 personnes: 2 Saint-Pierre de 1 kg environ • 3 calamars • 500 grs raisins secs • 200 grs tomate roma • 50 grs d'olives noires • 15 grs de câpres • 10 grs pignons de pin • 1 citron jaune • 2 tranches de pain de mie • 3 fenouils • 1 oignon • 1 échalote • 1 branche de thym frais • 4 branches de fenouil sec • 1 branche de persil plat • 1 dl d'huile d'olive Fructus • 50 grs de beurre

Progression de la recette

Emonder les tomates et les couper en copeaux. Les cuire au four à 80°C, pendant 2 h 30. Garder les intérieurs pour la sauce. Vider le Saint-Pierre, lever les filets et retirer la peau. Garder les arrêtes pour la sauce.
Tailler les calamars en petits dés, tailler les olives noires en rondelles. Tailler des zestes de citron puis les blanchir deux fois. Tailler des lanières de tomates confites. Tailler des cubes de pain de mie, les faire colorer au beurre, puis faire torréfier les pignons. Trancher les fenouils en deux dans le sens de la longueur, les faire colorer puis mouiller à hauteur pour la cuisson. Garder tous les parures de fenouils pour la sauce.
La sauce : Faire revenir les arrêtes à l'huile d'olive laisser colorer, ajouter le fenouil, l'oignon émincé et les échalotes et le citron coupé en trois laisser revenir le tout 5 minutes mouiller à l'eau puis ajouter les queues de persil, le fenouil sec et thym, ajouter les intérieurs de tomates et laisser réduire 10 minutes à feu doux. Passer au chinois faire réduire et monter au beurre et l'huile d'olive Rectifier l'assaisonnement.
Le dressage : griller les filets de st pierre, finir la cuisson des filets au four posés sur les tranches de fenouil. Faire revenir le calamar, ajouter les olives les câpres les pignons les tomates et les zestes assaisonner, ajouter le pain de mie et le persil plat. Les filets son nappés de sauce et la garniture est disposé dessus.

Carré d'agneau

Ingrédients principaux

pour 4 personnes: 1 coffre d'agneau • 50 g moutarde ancienne • 2 branches de romarin • 2 branches de thym • 2 branches de sarriette • graines de fenouil
Ingrédients de la garniture: 8 cébettes • 8 fenouils fanes • 4 carottes fanes • 4 navets fanes • 100 g de céleri rave • 8 cocos plat de Provence • 4 tomates roma (ail en chemise, thym frais, romarin) • 4 gousses d'ail (5 cl huile d'olive, thym frais) • 3 dl de jus d'agneau

Progression de la recette

Les carrés d'agneau: Préparer les carrés enlever le surplus de gras.
Les légumes: Retirer la première peau des cébettes et des fenouils fanes. Eplucher les carottes, les navets fanes et le céleri. Monder et sortir les pépins des tomates puis les faire confire. Blanchir l'ail en chemise, le confire dans l'huile d'olive avec thym et romarin. Tailler les extrémités des cocos, les laver puis les cuire dans une eau bouillante salée, refroidir en fin de cuisson.
Finition: La cuisson des légumes: Dans une cocotte chaude, verser un filet d'huile d'olive, revenir les carottes, les navets puis les cuire à feu très doux, rajouter successivement dans l'ordre de cuisson le céleri les fenouils, les cébettes et le restant des légumes. Glacer avec un jus d'agneau, ajouter les branches de thym.
Cuire le carré d'agneau à la broche au 2/3 de la cuisson badigeonner la viande avec la moutarde, puis fixer les herbes dessus.
Le dressage: Dresser les légumes sur les assiettes, les parsemer de parmesan râpé, gratiner sous la salamandre. Dresser le carré tranché en côtes dans les bas de l'assiette, saucer de jus d'agneau.

Comme un soufflé au Grand Marnier

Ingrédients principaux

pour 4 personnes: 150g crème pâtissière • 150 g de blancs d'oeufs • 75 g de sucre • 20 g de blancs en poudre • 15 feuilles de gélatine • 20 g de beurre • 20 g de sucre • 4 biscuits cuillère • 1 dl de Grand Marnier

Progression de la recette

Préchauffer le four à 210°C, faire tremper les biscuits dans le Grand Marnier, beurrer le moule à soufflé puis le passer au sucre, bien lisser la crème pâtissière, monter les blancs en neige, ajouter à la fin les 75 g de sucre et les blancs en poudre, mélanger 1/10 des blancs montés avec la crème pâtissière au fouet, puis avec une marise incorporer le reste. Cuire le soufflé environ de 12 à 14 minutes.

Silvia Lanig mit Sohn Peter vor der faszinierenden Bergkulisse Oberjochs

Danke

An meine ganze Familie, ohne deren Unterstützung ich es nie geschafft hätte. Und für meinen geliebten Mann, dessen Lebenswerk ich mit ihm über 40 Jahre mitgestalten durfte. Und für meine Tochter Penny, deren hervorragende Tipps ich gerne umgesetzt habe, die mich immer wieder ermutigt und unterstützt hat, wenn ich nicht mehr weiter wusste. Du hast mir geholfen, das Buch fertig zu bringen. Danke an meinen Sohn Peter, der unser Hotel jetzt so gestaltet und führt, wie wir es uns nur in den schönsten Träumen haben vorstellen können. Der mit mir fotografiert, gekocht, gestylt, Rezepte nachgekocht und korrigiert hat. Ohne Dich wäre dieses Buch nicht entstanden. Danken möchte ich auch meiner leider viel zu früh verstorbenen Mutter, die eine leidenschaftliche Köchin war und die mich die Liebe zum Kochen gelernt hat. Widmen möchte ich dieses Buch meinen geliebten Enkelkindern Stella, Tom und Victoria, der neuen Generation von Gourmets und Köchen. Danken möchte ich auch den LANIG-Köchen mit den Chefs Roland, Oli und Mathias, die mich so großzügig mit ihrem Können und mit dem Herrichten der Gerichte unterstützt haben. Nur durch ihre Leidenschaft für eine hervorragende Küche ist es mir gelungen, so schöne Gerichte auf die Teller zu bringen. Danke an meine diversen Lieblingsköche aus der Schweiz und Frankreich. Danke an Sylvain für seine exklusiven Rezepte aus Monte Carlo. Danke an Mani Weixler und ihrem Mann, die immer wieder mit viel Geduld mit mir zusammen meine Ideen im Layout umgesetzt haben. Danke an Gabi, die mich nicht nur moralisch, sondern auch aktiv beim Kochen, Nachkochen, Korrekturen lesen und Fotografieren unterstützt hat.

Und Danke an alle, die es mir ermöglicht haben, dieses Buch zu machen.

Hochvogel

Verlag: Neuer Umschau Buchverlag GmbH, Neustadt an der Weinstraße
Copyright © Silvia Lanig

Herausgeber: Familie Lanig Oberjoch
Produktion und Ausführung: Silvia Lanig
Layout: Maria Anna Weixler-Schürger und Silvia Lanig
Fotos: Silvia und Peter Lanig (Oberjoch), Michael Kaufmann (Bad Hindelang), Klocke-Verlag (Bielefeld), Milz-Verlag (Füssen), Sylvain Etievant, Dave Brüllmann, Andreas Riedmiller, Kurverwaltung Bad Hindelang, Fellhorn- und Nebelhorn-Bahnen (Oberstdorf)
Die Food-Fotos wurden größtenteils im Hotel Lanig aufgenommen.
Lektorat: Neuer Umschau Buchverlag GmbH
Rezepte: Hotel Lanig, Silvia Lanig, Peter Lanig, Sylvain Etievant
Wir bedanken uns für die freundliche Unterstützung bei: Hutschenreuther, Gmundner Keramik, Bauscher, Allgäuer Keramik, Tischlerei TIRI A-Kirchberg/Tirol
Druck: Graphische Betriebe Eberl GmbH, Immenstadt
Reproduktion: RGD Digitale Medientechnik Langen

Printed in Germany

ISNB-10: 3-86528-279-2
ISBN-13: 978-3-86528-279-8

Die Ratschläge in diesem Buch sind von den Autoren und dem Verlag sorgfältig erwogen und geprüft, dennoch kann eine Garantie nicht übernommen werden. Eine Haftung der Autoren und des Verlages für Personen-, Sach- und Vermögensschäden ist ausgeschlossen. Alle Rechte der Verbreitung in deutscher Sprache, auch durch Film, Funk, Fernsehen, fotomechanische Wiedergabe, Tonträger jeder Art, auszugsweisen Nachdruck oder Einspeicherung und Rückgewinnung in Datenverarbeitungsanlagen aller Art, sind verboten.

www.lanig.de
www.umschau-buchverlag.de